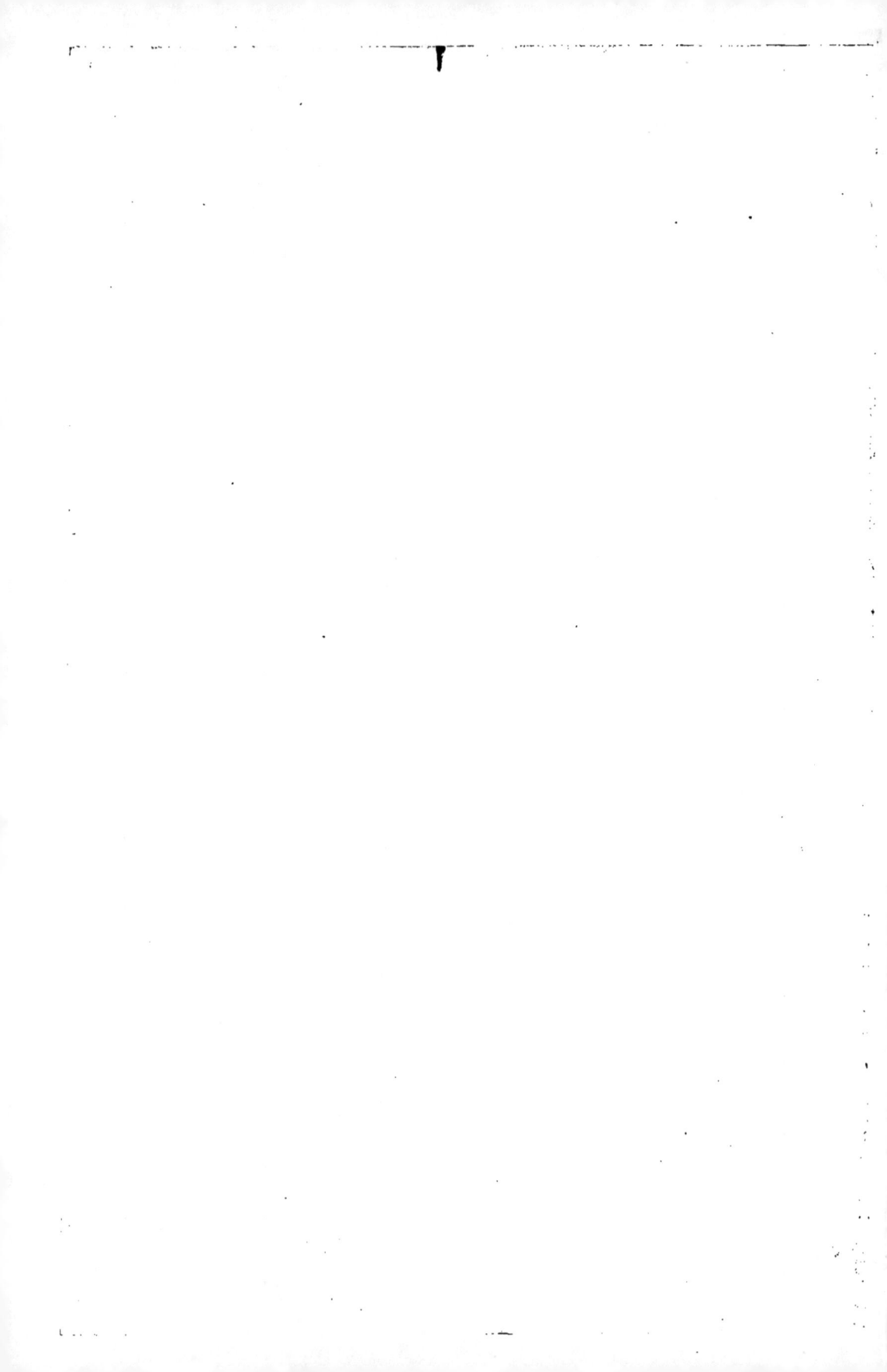

ABRÉGÉ DES GUERRES

DU

RÈGNE DE LOUIS XIV

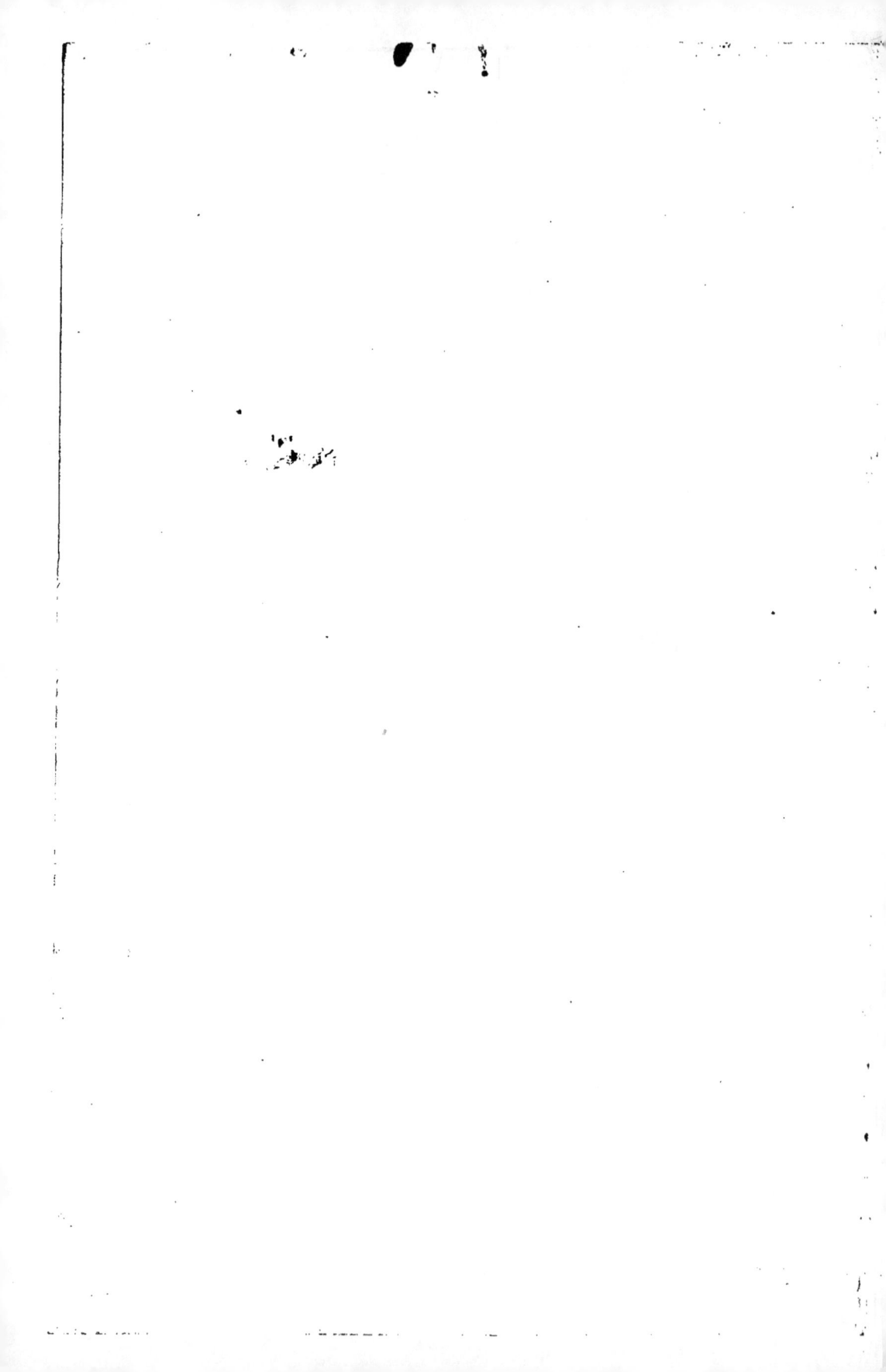

ABRÉGÉ

DES GUERRES

DU

RÈGNE DE LOUIS XIV

PRÉCÉDÉ D'UNE NOTICE HISTORIQUE

CONFÉRENCES DONNEES AU RÉGIMENT DES CARABINIERS

PAR

LE CAPITAINE MARCHAL

Chevalier de l'Ordre de Léopold, Officier de l'Ordre de la Guadeloupe

LOUVAIN

Vᵛᵉ C.-J. FONTEYN, LIBRAIRE-ÉDITEUR

Rue de Bruxelles, 6

1872

PRÉFACE.

Cet ouvrage n'était pas destiné à la publicité. Il n'a été livré à l'impression qu'à la demande générale de MM. les Officiers du Régiment des Carabiniers.

Son but est d'épargner des recherches aussi longues que fatigantes à ceux qui veulent avoir un court aperçu des guerres du règne de Louis XIV, et principalement aux officiers qui se préparent à subir les examens prescrits par l'arrêté royal du 30 juin 1871.

Ce n'est pas un livre d'histoire, mais simplement, comme l'indique le titre de *Conférences*, un résumé des principaux événements militaires du règne de Louis XIV, d'après des documents puisés dans les ouvrages indiqués ci-après : l'*Atlas historique de Lesage* (COMTE DE LAS CASES); l'*Histoire des guerres des Pays-Bas*, par CARMICHAEL-SMYTH; *les notes du colonel* LAGRANGE *sur le précédent ouvrage;* l'*Atlas des plus mémorables batailles, combats et siéges,* de KAUSLER; *les fastes généalogiques de la Belgique,* par le chevalier

MARCHAL; *Le siècle de Louis XIV*, par VOLTAIRE; *Louis XIV, son gouvernement et ses relations diplomatiques avec l'Europe*, par CAPEFIGUE; l'*Histoire de France*, par ANQUETIL; l'*Histoire d'Espagne*, par d'ASCARGOTA; l'*Histoire de Belgique*, par DEWEZ; *La guerre de 1671 à 1673 entre la France et la Hollande*, (publiée en 1673 à Amsterdam, sans nom d'auteur) etc.

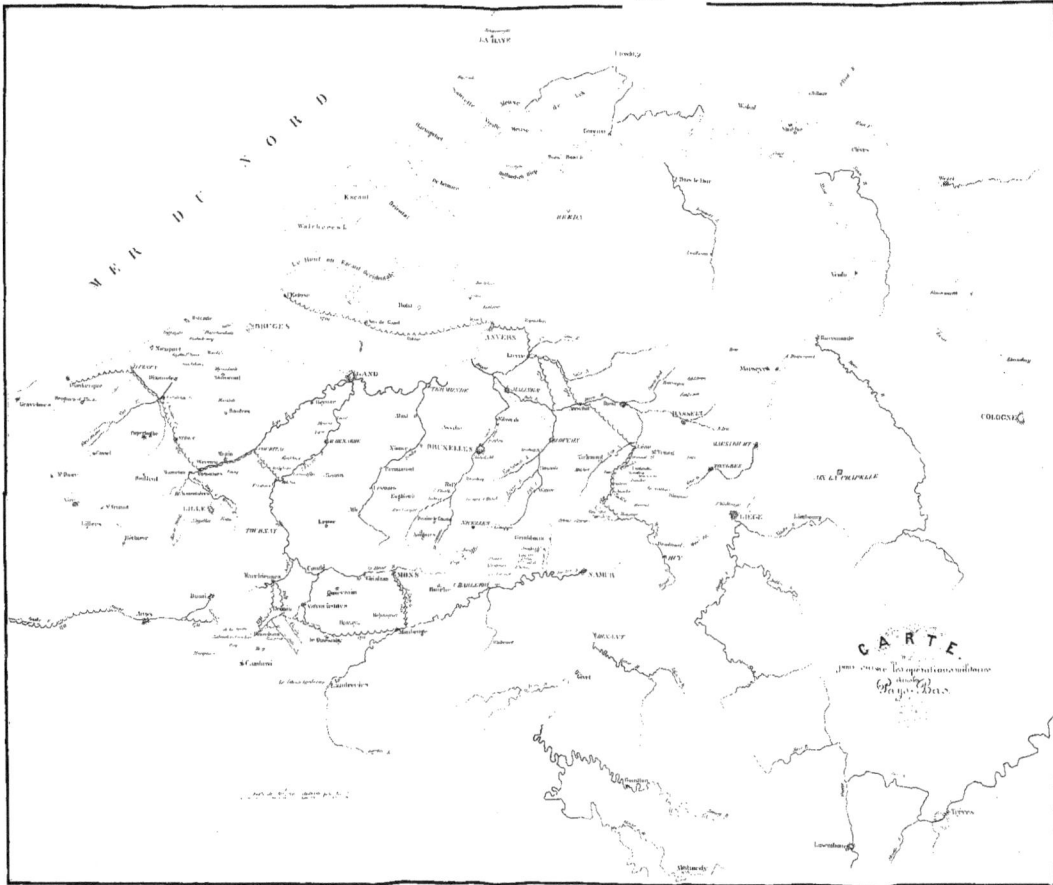

NOTICE HISTORIQUE.

PAYS-BAS.

Charles-Quint, né à Gand, en 1500, était fils de Philippe-le-Beau et de Jeanne de Castille. Son père (fils de Maximilien d'Autriche et de Marie de Bourgogne) lui légua les Pays-Bas et la Franche-Comté; il hérita de l'Espagne, de sa mère (fille de Ferdinand et d'Isabelle d'Espagne). Plus tard, après la mort de son aïeul Maximilien, il fut élu empereur d'Allemagne, et devint le plus puissant monarque que l'Europe eût eu depuis Charlemagne.

Charles-Quint détermina le pape Paul III à convoquer le concile de Trente, pour arrêter les progrès de la réforme religieuse. Le concile dura dix-huit ans (1545-1563).

Après vingt années d'un règne fécond en événements, ce monarque abdiqua la couronne, en 1556, et se retira au monastère de Saint-Just, en Estramadure, où il mourut, en 1558. Philippe II, son fils, devint roi d'Espagne et lui succéda dans les Pays-Bas; Ferdinand I, son frère, fut élu empereur d'Allemagne.

Le nouveau souverain ne visita jamais les Pays-Bas, après son couronnement comme roi d'Espagne. Ses maximes gouvernementales furent arbitraires à l'extrême, et en désaccord complet avec les habitudes de liberté et les coutumes du peuple et de la noblesse des Pays-Bas.

Vers cette époque, la réforme gagnait considérablement du terrain. Philippe, aussi intolérant dans ses principes religieux qu'absolu dans ses maximes politiques, résolut d'arrêter les progrès de ce mouvement par la violence, et chercha à introduire l'inquisition dans nos provinces.

Marguerite de Parme, fille naturelle de Charles-Quint, avait été envoyée comme gouvernante dans les Pays-Bas, en 1559. Elle eut pour premier ministre Perrenot de Granvelle, cardinal-archevêque de Malines. Sous ce ministre commencèrent les premiers troubles religieux. Les nobles du pays protestèrent contre l'inquisition et présentèrent à Marguerite une requête (*compromis des nobles*, 5 avril 1566). Trois cents confédérés se rendirent, à cet effet, en cortége, au palais de la duchesse. Au moment où la pétition lui fut présentée, le comte de Berlaimont, voyant la duchesse effrayée du grand nombre des confédérés, lui avait dit à demi-voix : « *Rassurez-vous, Madame, ce n'est qu'une troupe de gueux.* » Au repas que le comte de Cuylembourg, auteur principal de la requête, donna le soir de cette audience, le comte de Bréderode, ayant rapporté ces paroles, proposa le nom de « *gueux* » comme mot de ralliement du parti, et l'assemblée l'adopta avec enthousiasme. Après le banquet, plusieurs des confédérés parurent au balcon de l'hôtel de Cuylembourg, une besace à la ceinture et une écuelle de bois à la main, dans laquelle ils burent à la santé des *gueux*. Ce fut l'étincelle qui alluma l'incendie de la révolution et amena, quelques années plus tard, la séparation des provinces septentrionales.

Philippe II, afin de vaincre la rébellion, envoya le duc d'Albe, don Alvarès de Tolède, comme gouverneur des Pays-Bas, en remplacement de Marguerite de Parme (1567).

Le duc d'Albe signala le commencement de son administration en faisant périr sur l'échafaud les comtes d'Egmont et de Horne, et en ordonnant de nombreuses exécutions. Ces mesures violentes envenimèrent le mal. Tous, catholiques et protestants, se liguèrent contre le gouvernement espagnol.

Le chef principal de l'opposition au roi Philippe II fut Guillaume de Nassau, prince d'Orange, né en 1534, à Dillembourg, et connu sous le nom de Taciturne. Il devint le fondateur de l'indépendance néerlandaise, par la séparation des sept provinces septentrionales et la formation d'une puissante république qu'il gouverna en qualité de stadhouder ou chef du pouvoir exécutif.

L'*union d'Utrecht*, entre les provinces du nord, date de janvier 1579.

Le duc d'Albe, exécré à cause de son orgueil et de ses cruautés, fut rappelé en Espagne, en 1573, et remplacé par don Louis de Requesens, troisième gouverneur des Pays-Bas, jusqu'en 1576, puis par don Juan d'Autriche, fils naturel de Charles-Quint, quatrième gouverneur, jusqu'en 1578.

La guerre qui, par suite de ces événements, s'alluma dans les Pays-Bas, et qu'on peut dire avoir commencé en 1568, par la bataille livrée à Winschote entre les comtes de Nassau et d'Aremberg, fut continuée avec fureur jusqu'en 1609, pendant une période de quarante-un ans. Une trêve de douze ans fut alors conclue à La Haye. Les hostilités recommencèrent, en 1621, et se poursuivirent jusqu'à ce que la paix de Munster (1648), après une nouvelle période de vingt-sept années de guerre, vint y remettre un terme.

L'autorité de Philippe était perdue dans les sept provinces protestantes du nord. Dans les Pays-Bas catholiques, les exactions des chefs espagnols, les procédés arbitraires des différents gouverneurs et le mépris total de Philippe pour les priviléges et les coutumes de la nation, avaient aliéné les esprits et ébranlé la fidélité de chacun. Les provinces catholiques étaient même parvenues à expulser don Juan d'Autriche, à démolir plusieurs citadelles construites par les Espagnols et à rassembler une armée pour prévenir le retour des troupes espagnoles, qui, peu de temps auparavant, avaient été forcées d'abandonner les Pays-Bas.

Alexandre Farnèse, fils de Marguerite de Parme, cinquième gouverneur-général, succéda à don Juan. Il unissait une prudence consommée et une grande persévérance à de brillantes qualités militaires. Il gouverna les Pays-Bas de 1578 à 1592. Grâce à ses efforts, Philippe II conserva son autorité dans nos provinces.

Philippe II mourut, en 1598, ayant au préalable résigné son pouvoir dans les Pays-Bas entre les mains de sa fille, l'infante Isabelle et de l'archiduc Albert, qu'elle avait épousé.

Après Philippe II, l'Espagne fut gouvernée, jusqu'en 1621, par son fils Philippe III, qui approuva la trève pour l'indépendance des Provinces-Unies, et par Philippe IV, fils du précédent, de 1621 à 1665. A ce dernier succéda son fils, Charles II (1665-1700).

L'archiduc Albert, neuvième gouverneur, et l'infante Isabelle firent leur entrée solennelle à Bruxelles, en novembre 1599. Ils s'appliquèrent à calmer les ressentiments par tous les moyens en leur pouvoir et à gagner l'affection de leurs nouveaux sujets dans les provinces catholiques.

Albert fit le fameux siége d'Ostende, qui dura trois ans.

Guillaume-le-Taciturne ayant été assassiné par Balthazar Geerart, en 1584, les États-Généraux conférèrent les fonctions suprêmes de stadhouder à son fils Maurice de Nassau,

capitaine-général et grand amiral. Il fut vainqueur de l'archiduc Albert, à la bataille de Nieuport (1600), et mourut
en 1625.

Après Maurice de Nassau, Frédéric-Henri, enfant d'un
autre lit du Taciturne (sa mère était fille de l'amiral français
Coligny), devint stadhouder. Frédéric ne vécut pas assez
longtemps pour voir l'indépendance des Provinces-Unies
sanctionnée par le traité de Munster. Son fils Guillaume II
lui succéda, en 1647, et mourut en 1650.

Quelques empiétements du stadhouder ayant froissé la
susceptibilité des États-Généraux, il fut résolu, à la mort de
Guillaume II, de supprimer le stadhouderat, et le gouvernement passa entre les mains de quelques hommes énergiques,
tels que le pensionnaire Cats et plus tard le célèbre pensionnaire Jean De Witt, qui conduisirent les affaires de la république avec vigueur et intelligence.

En 1660, un décret des États-Généraux porta que le fils
de Guillaume II, le prince d'Orange Guillaume III, né en
1650, serait nommé stadhouder et capitaine-général, à sa
majorité. Nous verrons ce prince à l'œuvre dans les guerres
de Louis XIV.

Nous avons déjà dit qu'en 1609, l'archiduc Albert signa
avec les Hollandais une trève de douze ans. L'archiduc mourut à Bruxelles, en 1621, peu de mois après la fin de la trève.
Isabelle continua l'administration des affaires des Pays-Bas
jusqu'à sa mort (1633).

Parmi les gouverneurs généraux qui lui succédèrent il
importe de citer : Ferdinand, cardinal-infant (1634-1641);
François de Mello (1641-1644); l'archiduc d'Autriche Léopold
Guillaume (1647-1656); don Juan d'Autriche, fils naturel de
Philippe III (1656-1659); le comte de Monterey (1670-1675);

Alexandre Farnèse, petit-fils de Marguerite de Parme (1680-1682); enfin, à partir de 1692, Maximilien-Emmanuel, électeur de Bavière, qui joua un rôle important dans les guerres de Louis XIV.

De 1701 à 1704, en l'absence de Maximilien-Emmanuel, qui dut se rendre en Allemagne, le marquis de Bedmar fut commandant-général dans les Pays-Bas.

FRANCE.

Tandis que Charles-Quint étendait sa domination sur plusieurs contrées de l'Europe, François I régnait en France. Ce prince, après la victoire de Marignan sur les Suisses, fut armé chevalier par Bayard (1515).

Les deux monarques élevaient des prétentions au trône impérial d'Allemagne. Charles l'ayant emporté, il s'en suivit une rivalité acharnée, et la possession du Milanais fut l'occasion d'une guerre entre eux.

François I battu à Pavie (1525), fut emmené prisonnier à Madrid. Rendu à la liberté, il refusa de remplir les engagements qu'il avait contractés.

La guerre recommença et continua avec acharnement jusqu'à la paix de Cambrai, dite *paix des Dames* (1529).

François I étant mort en 1547, son fils Henri II monta sur le trône. Il épousa Catherine de Médicis et mourut d'un coup de lance reçu dans un tournoi (1559).

Les troubles religieux en France commencèrent sous le règne de François II, fils aîné et successeur de Henri II, premier époux de Marie Stuart, reine d'Écosse.

François II mourut en 1560, laissant le trône à son frère Charles IX. Ce fut sous le règne de ce dernier qu'eut lieu, à l'instigation de Catherine de Médicis, sa mère, le massacre des huguenots (*La Saint-Barthélemy*, 24 août 1572).

Charles régna jusqu'en 1574, sans laisser de postérité. La couronne de France passa à son frère Henri III, auquel les États-Généraux des Pays-Bas offrirent la souveraineté qu'il refusa. Il fut assassiné, en 1589, par Jacques Clément.

Henri IV, roi de Navarre, ayant épousé en premières noces Marguerite de Valois, sœur de Henri III, succéda à ce dernier. Il était du reste descendant de saint Louis, roi de France.

Henri professait la religion protestante et fut chef des huguenots. Aussi la Ligue refusa-t-elle de le reconnaître. Il fut vainqueur du duc de Mayenne, chef des ligueurs, à Arques (1589) et à Ivry (1590), assiégea Paris et y fit son entrée, en 1594.

L'acte le plus important de son règne, l'*édit de Nantes* (1598), accordait à ses sujets la liberté de conscience, l'exercice public du culte réformé et le droit d'aspirer à toutes les charges, sous condition de renoncer à toute ligue avec les ennemis de l'État. Dirigé par Sully, premier ministre, son gouvernement s'attacha à réparer les maux causés par la guerre de religion.

Henri IV fit la guerre contre l'Espagne. Les hostilités se terminèrent par la paix de Vervins (1598). Il fut assassiné par Ravaillac, en 1610.

Louis XIII, fils aîné et successeur de Henri IV, régna de 1610 à 1643. Il n'était âgé que de neuf ans lorsqu'il monta sur le trône. Sa mère, Marie de Médicis, se fit nommer régente. Par sa faveur, un aventurier italien nommé Concini, qui devint marquis et maréchal d'Ancre, obtint le pouvoir. Ses procédés mécontentèrent les grands, à la tête desquels se trouvait le prince de Condé.

Le maréchal d'Ancre ayant été assassiné, Albert de Luynes le remplaça. A celui-ci succéda le cardinal de Richelieu, évêque de Luçon. Il instigua toutes les guerres contre la monarchie espagnole, afin d'établir la prépondérance politique de la France en Europe. A cet effet, il envoya des secours et des subsides à la république de Hollande. Il aida de même les protestants d'Allemagne, qui combattaient contre l'empereur Ferdinand II, et contribua ainsi puissamment à la continuation de la guerre de trente ans (1618-1648) qui causa la ruine de l'Allemagne. Pour fortifier le pouvoir royal, Richelieu diminua la puissance de la noblesse et anéantit l'importance politique des huguenots par la prise de la Rochelle, la dernière forteresse restée en leur pouvoir. Le puissant cardinal-ministre gouverna la France pendant dix-huit ans et mourut en 1642.

Louis XIV n'avait que cinq ans, à la mort de son père (1643). Sa mère Anne d'Autriche, nommée régente, laissa à la tête des affaires le cardinal Mazarin, qui continua la politique de son prédécesseur Richelieu. Le nouveau ministre n'eut pas le talent de se rendre populaire. Le parlement de Paris refusa de ratifier les mesures financières qu'il avait proposées pour couvrir les frais de la guerre de trente ans. Mazarin ayant fait arrêter les chefs de l'opposition, la guerre civile éclata. Elle prit le nom de *guerre de la Fronde*. Condé se mit à la tête des révoltés, mais Turenne qui commandait les troupes royales, défit les rebelles et rétablit la tranquillité.

La France avait déclaré la guerre à l'Espagne depuis 1635. Une grande victoire remportée en 1643, à Rocroi, par le jeune duc d'Enghien Condé II, depuis si illustre sous le nom de grand Condé, releva le crédit politique de Mazarin. Les succès furent ensuite contrebalancés par Turenne et Condé, d'une part, et par l'archiduc Léopold et don Juan d'Autriche, quinzième et seizième gouverneurs-généraux des Pays-Bas, d'autre part.

La paix des Pyrénées, conclue entre don Luis de Haro et Mazarin, premiers ministres des rois d'Espagne et de France, mit fin à la guerre. Elle fut signée, en 1659, dans l'île des Faisans, au milieu de la Bidassoa. Un article du traité stipulait le mariage de Marie-Thérèse, infante d'Espagne, fille de Philippe IV, avec Louis XIV.

Mazarin mourut en 1661.

ANGLETERRE.

En Angleterre, la terrible guerre des Deux Roses (1455-1485) pour la succession du royaume, contestée entre les familles de Lancastre (rose rouge) et d'York (rose blanche), venait à peine de finir, lorsque Henri VIII, l'héritier des Deux Roses, l'homme aux six femmes et dont le règne fut un tissu de cruautés et de scandales, introduisit le schisme dans son pays. Il se fit proclamer chef suprême de l'Église anglicane, afin de pouvoir répudier Catherine d'Arragon et épouser Anne de Boulen qu'il fit décapiter plus tard. La réforme se propagea sous Édouard VI, fils et successeur de Henri VIII.

La sœur d'Édouard, Marie Tudor, fille de Catherine d'Arragon, monta sur le trône en 1553. Elle épousa Philippe II, roi d'Espagne. Cette princesse rétablit le catholicisme en Angleterre.

L'infortunée Jeanne Grey qu'Édouard VI avait désignée comme son héritière et qui avait été proclamée reine, à la mort de ce souverain, poursuivie par l'implacable ressentiment de Marie Tudor, monta sur l'échafaud ainsi que le duc de Northumberland, beau-père de Jeanne et Dudley, son mari.

Marie Tudor, morte en 1558, laissa le trône à sa sœur Élisabeth, fille de Henri VIII et d'Anne de Boulen. Élisabeth, à son tour, usa de la force pour relever le protestantisme.

Nous avons déjà vu que Marie Stuart, reine d'Écosse, avait été unie au roi de France François II. A la mort de ce souverain, elle épousa son cousin Henri Darnley, qui mourut assassiné par les ordres du comte de Bothwell. Ce crime et ce mariage furent instigués par le comte de Murray, frère naturel de Marie, gentilhomme intrigant et ambitieux. Après le mariage, Murray dévoila le meurtre commis par Bothwell, et accusa publiquement Marie de complicité dans ce forfait.

Une telle révélation mit le pays en émoi. Marie, faite prisonnière, s'échappa. Son fils Jacques fut nommé roi d'Écosse et Murray régent. Marie dut chercher un asile auprès de la reine Élisabeth; mais celle-ci voulant se venger des prétentions que Marie Stuart avait élevées autrefois au trône d'Angleterre, la fit monter sur l'échafaud (1587).

Après la mort d'Élisabeth (1603), son plus proche parent, le fils de Marie Stuart, Jacques I, monta sur le trône. Il réunit sous son sceptre l'Angleterre et l'Écosse et devint ainsi le premier roi de la Grande-Bretagne.

Charles I, fils de Jacques, lui succéda, en 1625. Son règne fut malheureux. Il soutint les droits des catholiques et mécontenta ainsi le parlement et le peuple. Une révolution éclata en Angleterre et en Écosse. Battu dans plusieurs rencontres, prisonnier et livré par les Écossais, Charles mourut sur l'échafaud (1649). C'est le premier exemple de régicide dans l'histoire.

La république fut proclamée, avec le fanatique Olivier Cromwell pour protecteur jusqu'en 1658. Son fils Richard Cromwell lui succéda dans cette dignité. Impuissant à exercer la dictature militaire avec autant d'énergie que son père, il laissa toute autorité à ses généraux. L'un d'eux, Lambert, se rendit maître de Londres et y établit un parlement. Cette odieuse assemblée, qui mérita le nom de *parlement-croupion* amena l'anarchie. Le général Monck profita de la guerre civile pour restaurer la monarchie, et Charles II, fils de Charles I, monta sur le trône (1660-1685). A l'avénement de ce prince, la réaction fut telle que le peuple viola la sépulture d'Olivier Cromwell et traîna son cadavre par les rues.

A Charles II succéda Jacques II (1685-1688) ; ses mesures impolitiques le rendirent peu populaire. Il dut s'enfuir en France.

La couronne d'Angleterre passa au prince d'Orange qui régna sous le nom de Guillaume III. Ce prince avait épousé Marie, fille de Jacques II.

ALLEMAGNE.

L'Allemagne, issue du démembrement de l'empire de Charlemagne, formait, au quatorzième siècle, une confédération dont le chef était nommé par la Diète ou réunion des électeurs (Bulle d'or de 1356).

Deux familles célèbres, les Habsbourg et les Hohenzollern,

(elles règnent encore de nos jours), y eurent presque toujours la suprématie.

Voici, d'après de Las Cases, la curieuse origine de ces deux familles.

Rodolphe de Habsbourg était un gentilhomme de l'Argau (Suisse). Au milieu des troubles qui avaient ravagé l'Allemagne, il s'était acquis la réputation de grand capitaine et de preux chevalier. Dans sa jeunesse, il avait été maître d'hôtel d'Ottocar, roi de Bohême. Dans un âge plus avancé, il commanda les milices de Strasbourg et de Zurich. L'électeur de Mayence ayant fait un voyage à Rome, l'honnête et brave Rodolphe l'avait soigneusement garanti pendant sa route, des brigands, qui, dans ces temps de désordres, infestaient tous les chemins. Ce léger service lui valut la couronne impériale. En effet, ce même électeur présidait alors la Diète d'élection, et la reconnaissance d'accord avec ses intérêts lui fit proposer son généreux défenseur comme chef de l'empire. Cependant on balançait encore, lorsqu'un gentilhomme, Frédéric de Hohenzollern, neveu de Rodolphe, fit valoir adroitement une considération qui réunit tous les suffrages. Le hasard avait voulu que trois électeurs ne fussent pas encore mariés, et que Rodolphe eût précisément trois filles nubiles. Frédéric n'eut pas de peine à faire comprendre tout l'avantage d'avoir un empereur pour beau-père. Les trois mariages devinrent les termes du traité, et Rodolphe fut solennellement élu (1273).

Ce Frédéric de Hohenzollern fut le premier chef de la maison de Prusse, comme Rodolphe celui de la maison d'Autriche.

Rodolphe porta sur le trône les talents nécessaires. Un de ses premiers soins fut de rétablir l'ordre parmi ses sujets, et de se faire respecter de ses voisins.

Ottocar régnait en Bohême. Ce prince, à la faveur de l'anarchie, avait secoué le joug de l'Allemagne dont il était feudataire. Il s'empara même de l'héritage d'Autriche, dont les maîtres s'étaient éteints durant les troubles.

Rodolphe le somma tout à la fois de rendre hommage pour son royaume et de renoncer à son usurpation. Qu'on se figure toute l'indignation d'un roi puissant qui se croit bravé par celui qu'il appelle un de ses anciens domestiques. Aussi ne répondit-il jamais aux sommations de l'empereur que par des injures. « Que me veut Rodolphe? disait-il. Ne lui ai-je » pas payé ses gages? Je ne lui dois plus rien. » Mais si Rodolphe savait bien revendiquer ses droits, il savait encore mieux les défendre. On prit les armes, on se battit, et Ottocar, vaincu, fut obligé de se soumettre.

La prestation de l'hommage devait se faire dans une petite île du Danube, dont les armées occupaient les deux rives. Ottocar, pour ménager son orgueil, avait obtenu que la cérémonie se passerait sous une tente, à l'abri de tous les regards. Déjà, suivant l'usage, il était à genoux devant son seigneur, ses mains étaient jointes entre les siennes, lorsque tout-à-coup, par une tromperie méchante, la toile se leva et fit voir aux deux armées, rangées en bataille, le fier Ottocar dans cette position humiliante. Il se releva, la rage dans le cœur et reprit les armes, mais il ne fut pas plus heureux. Vaincu de nouveau, il périt dans la mêlée.

Rodolphe alors s'empara de ses États et, du consentement de l'empire, investit ses enfants de la plus grande partie de l'héritage d'Autriche.

Telle fut l'origine de la fortune de la maison de Habsbourg, qui s'est élevée depuis à un si haut degré de gloire et de puissance.

Nous avons vu après Charles-Quint, son frère Ferdinand I monter sur le trône impérial d'Allemagne (1556-1564). La maison d'Autriche continua à régner, savoir : Maximilien II, de 1564 à 1576; — Rodolphe II, de 1576 à 1612; — Mathias, de 1612 à 1619; — Ferdinand II, de 1619 à 1637; — Ferdinand III, de 1637 à 1657. — Léopold I, de 1657 à 1705.

L'effervescence religieuse amena, sous le règne de l'empereur Mathias, les dissensions les plus graves. La guerre de trente ans (1618-1648) faillit conduire l'Allemagne à sa perte. Le prétexte en fut des plus futiles : en 1618, quelques ecclésiastiques hohémiens firent abattre des temples protestants qu'on avait élevés chez eux. Ce prétexte religieux servit à couvrir en réalité les projets ambitieux des rois de Danemark et de Suède, et les plans de Richelieu. Tous les trois visaient à abaisser la maison de Habsbourg qui semblait vouloir convertir, à son bénéfice, le système fédératif de l'Allemagne en une monarchie héréditaire. Une réclamation ayant été adressée à Mathias, celui-ci envoya quelques délégués à Prague, mais les protestants, instigués par les manœuvres de l'électeur palatin Frédéric V, jetèrent les représentants de l'empereur par les fenêtres du château. Cet acte, connu sous le nom de *défénestration de Prague*, fut le signal de la guerre.

Après Mathias, sous le règne de Ferdinand II, le comte T'Serclaes de Tilly, qui commandait l'armée de la ligue catholique contre celle de l'union évangélique protestante, sous les ordres de l'électeur palatin, gagna une bataille décisive sous les murs de Prague. L'union évangélique appela à son secours le roi de Danemark, Christian IV. Trois célèbres aventuriers militaires, le comte de Mansfeld, Bernard de Saxe-Weimar et Christian de Brunswick se joignirent à lui contre l'Autriche.

L'empereur mit à la tête de ses troupes Walstein et Tilly. Les rebelles furent battus de rechef, et la paix allait être conclue, en 1629, lorsque le roi de Suède Gustave-Adolphe, un des plus illustres guerriers de ce siècle, intervint. Il remporta sur Tilly une grande victoire, près de Leipzig (1631), et traversa l'Allemagne en vainqueur.

Tilly étant mort d'une blessure reçue à Augsbourg, l'empereur confia le commandement à Walstein seul. Celui-ci livra à Gustave-Adolphe la célèbre bataille de Lutzen (1632), dans laquelle ce monarque, égaré par le brouillard, se jeta, au fort de l'action, au milieu des troupes ennemies et périt. Les soldats de Gustave vengèrent sa mort par une victoire éclatante.

L'empire dut lutter aussi contre la France. Les Espagnols, qui soutenaient la ligue catholique, envahirent la Picardie, s'emparèrent de Corbie, que Richelieu lui-même vint assiéger et reprendre, en 1636.

Condé gagna la bataille de Rocroi (1643) contre Mello, et ensuite celle de Fribourg (1644) contre Mercy, général autrichien. Ce dernier battit à son tour Turenne, à Marienthall (1645), mais son armée fut vaincue par les Français, à Nordlingue, où il fut tué (1645).

En 1648, à Lens, Condé fut de nouveau vainqueur des Espagnols, commandés par l'archiduc Léopold, tandis que Turenne marchait sur Vienne.

La paix de Westphalie, conclue en 1648 par le congrès réuni à Munster, mit fin à la guerre de trente ans. L'empire céda la prépondérance à la France, qui acquit l'Alsace en toute souveraineté. Tous les princes de l'empire recouvrèrent les États dont la guerre les avait privés; la Suède acquit de vastes territoires dans le nord de l'Allemagne, et l'autorité politique de l'empereur fut tout-à-fait amoindrie.

La même année le roi d'Espagne reconnut la république de Hollande, sous Guillaume de Nassau, prince d'Orange.

Nous avons déjà parlé de la famille de Hohenzollern. En 1415, elle avait acquis l'électorat de Brandebourg, dont elle prit le nom.

Georges-Guillaume, électeur pendant la guerre de trente ans, eut un règne qui semble avoir été voué aux désastres et aux revers. Il hérita de la Prusse, de Clèves, de Juliers et de la Poméranie, mais il eut constamment à disputer ces beaux pays à des rivaux.

Son fils Frédéric-Guillaume lui succéda en 1640 ; c'est à son avénement que commence l'époque brillante de la maison de Brandebourg. Frédéric, si justement connu sous le nom de grand électeur, affranchit la Prusse de la domination de la Pologne, termina la querelle de Juliers, obtint définitivement pour sa part Clèves, recouvra une partie de la Poméranie, et se fit accorder pour l'autre d'amples dédommagements. Ce prince créa par son génie la puissance de la Prusse ; il mourut en 1688.

Frédéric I, profitant de l'ascendant qu'avait exercé le grand électeur Frédéric-Guillaume, son père, se fit couronner roi de Prusse, en 1701. Il fut reconnu d'abord par l'empereur, qui avait besoin de lui pour lutter contre Louis XIV, et bientôt après par le reste de l'Europe.

Du règne de Frédéric I date pour le royaume de Prusse une ère de prospérité et de splendeur qui s'est développée jusqu'à nos jours.

RÈGNE DE LOUIS XIV.

Le jour même de la mort de Mazarin (1661), Louis XIV déclara qu'il voulait régner seul. Aussi de ce moment date son avénement réel.

Louis XIV était un souverain d'un grand génie, mais orgueilleux et ambitieux. Sous son règne, la personne royale domina en tout et centralisa tous les pouvoirs.

Il eut pour ministre de la guerre le marquis de Louvois, qui augmenta considérablement les forces de la France. Sous son ministère, on divisa l'armée en corps constitués, régiments, compagnies. On imposa l'uniforme et les manœuvres furent réglementées. Une révolution complète se fit dans l'art militaire.

Pendant les premières années du règne, Fouquet eut la surintendance des finances. Ses prétentions à remplacer Mazarin et ses anciennes relations avec la Fronde causèrent sa disgrâce. Il fut accusé de dilapidation, après la célèbre fête de Vaux, jeté en prison et remplacé par Colbert, financier d'un grand mérite.

Les amours du roi avec Mlle de Lavallière et Mme de Montespan, son mariage secret avec Mme de Maintenon, veuve du poëte cul-de-jatte Scarron, ont eu un retentissement immense.

Louis XIV avait un frère, Philippe d'Orléans, qui épousa Henriette d'Angleterre, fille de Charles I, et ensuite la princesse palatine Charlotte. Ce prince, aux mœurs légères, au caractère dépravé, mourut en 1701.

L'histoire de l'homme au masque de fer, détenu à l'île Ste-Marguerite, et qu'on présente comme celle d'un frère du roi, est contestée par les historiens.

2

Louis XIV donna, à Versailles, sa résidence favorite, une splendeur incomparable. Il embellit Paris, réorganisa les armées de terre et de mer, institua les ordres du Saint-Esprit pour la noblesse et de Saint-Louis pour récompenser le mérite des officiers, fonda l'hôtel des invalides et l'école de Saint-Cyr, fit le code Louis, créa le grade de maréchal de France, fonda l'Académie française des lettres, sciences et beaux-arts, et donna en un mot à la France son maximum d'éclat.

Le règne de Louis XIV qui mourut en 1715, est le plus glorieux et le plus long de l'histoire de France. Nulle époque ne fournit autant d'hommes remarquables. « Ce monarque, dit l'abbé Maury, dans son discours de présentation à l'Académie française, eut à la tête de ses armées Turenne, Condé, Luxembourg, Catinat, Créqui, Boufflers, Montesquiou, Vendôme et Villars. Chateau-Renaud, Duquesne, Tourville, Duguay-Trouin, commandaient ses escadres. Colbert, Louvois, Torcy, étaient appelés à ses conseils. Bossuet, Bourdaloue, Massillon, lui annonçaient ses devoirs. Son premier sénat avait Molé et Lamoignon pour chefs, Talon et d'Aguesseau pour organes. Vauban fortifiait ses citadelles. Riquet creusait ses canaux. Perrault et Mansard construisaient ses palais. Puget, Girardon, Le Poussin, Le Sueur et Le Brun les embellissaient. Le Nôtre dessinait ses jardins. Corneille, Racine, Molière, Quinaux, La Fontaine, La Bruyère, Boileau éclairaient sa raison et amusaient ses loisirs. Montausier, Bossuet, Fénélon, Huet, Fléchier, l'abbé de Fleury, élevaient ses enfants. C'est avec cet auguste cortège de génies immortels que Louis XIV, appuyé sur tous ces grands hommes, se présente aux regards de la postérité. »

GUERRES DE LOUIS XIV.

« C'est un soleil dont l'aurore est obscurcie
par les troubles de la Fronde ; à son midi, il
brille du plus bel éclat et sa chaleur anime
toute la terre ; des nuages sombres signalent
son déclin et président à son coucher. »
(LE COMTE DE LAS CASES.)

I.

*Paix des Pyrénées. — Guerre de Flandre et de Franche-Comté. —
Paix d'Aix-la-Chapelle. — Guerre de Hollande. — Passage du Rhin. —
Maison du Roi. — Évacuation de la Hollande. — Bataille de Seneffe.*

La paix conclue, en 1659, entre l'Espagne et la France,
par le *Traité des Pyrénées*, confirma cette dernière puissance
dans la possession de l'Alsace, lui acquit de plus le Roussil-
lon et beaucoup de villes des Pays-Bas, dans le Luxembourg,
le Hainaut, l'Artois et la Flandre. La nouvelle frontière française s'étendait à peu près de Gravelines à Montmédy. Un
des articles du traité de paix contenait une promesse de
mariage entre Louis XIV et l'infante d'Espagne Marie-Thérèse qui renonçait, moyennant une dot de 500,000 couronnes
d'or, à tous ses droits au trône d'Espagne ou à quelque
partie que ce fût de la monarchie espagnole, même si la
famille régnante venait à manquer d'héritier mâle. Le mariage
eut lieu, en 1660.

Le roi d'Espagne, Philippe IV, mourut en 1665, ne laissant pour héritier qu'un fils âgé de quatre ans, qu'il avait eu d'un second mariage et qui régna sous le nom de Charles II.

Louis XIV réclama aussitôt les duchés de Limbourg et de Brabant, ainsi que la Franche-Comté. Les prétentions que la cour de France fit valoir au profit de la reine étaient fondées sur le droit de *dévolution*, droit purement coutumier, qui était encore en vigueur dans certains cantons des Pays-Bas, et en vertu duquel l'héritage paternel était attribué ou *dévolu* aux enfants nés d'un premier mariage.

Après deux années de négociations infructueuses, la lutte, quelquefois suspendue et jamais terminée, de la France et de l'Espagne recommença.

Louis XIV rassembla son armée à Compiègne, en 1666, et envahit les Pays-Bas, en 1667, avec trois corps d'armée. Le premier, fort de 35,000 hommes, et commandé par le roi ayant sous ses ordres le maréchal de Turenne, se dirigea sur Charleroi, qui fut pris, ainsi qu'Ath, Tournai, Douai et Lille. Cette dernière ville, la seule passablement défendue par les Espagnols, dut capituler au bout de neuf jours. Le deuxième corps, comptant 8,000 hommes, était commandé par le maréchal d'Aumont. Il s'empara d'Armentières, Furnes, Bergues-St-Vinox, Courtrai et Audenarde. Le troisième corps, comprenant 4,000 hommes, sous les ordres du marquis de Créqui, resta en observation dans le Luxembourg.

L'Espagne n'avait, pour résister à l'invasion, qu'environ 8,000 hommes, commandés par le comte de Marzin et le prince de Ligne. Hors d'état d'arrêter l'ennemi, ces généraux se retirèrent sur Bruxelles. Leur arrière-garde seule fut un peu engagée avec les Français.

Après la reddition de Lille, Louis rentra à Paris, laissant le commandement à Turenne qui prit Alost.

En 1668, Louis XIV, en personne, envahit la Franche-Comté. Le prince de Condé commandait sous lui. Le roi rencontra peu de résistance, les Espagnols n'étant nullement préparés à la guerre. Il prit Besançon, Salins, Dôle et se rendit maître en quinze jours de toute la province.

Ces rapides succès alarmèrent les Provinces-Unies et l'Angleterre. Leurs députés, avec ceux de Suède, conclurent, à l'instigation de De Witt, à la Haye, le traité de la Triple Alliance, pour arrêter les progrès des armées françaises.

Cette alliance eut pour effet immédiat la paix d'Aix-la-Chapelle (1668). La Franche-Comté fut restituée à l'Espagne, et la France acquit Charleroi, Binche, Ath, Douai, Tournai, Audenarde, Lille, Armentières, Courtrai, Bergues et Furnes. Ces places furent aussitôt fortifiées par Vauban.

Louis XIV vivement irrité contre les Hollandais, les instigateurs de la Triple Alliance, et poursuivant son dessein de réunir les Pays-Bas à la monarchie française, se détermina à porter la guerre dans les Provinces Unies.

Il entreprit d'abord de s'attacher l'Angleterre et envoya, dans ce but, à la cour de Charles II, Henriette, sœur de ce souverain. Cette princesse avait épousé le duc Philippe d'Orléans, frère de Louis XIV.

Charles II promit, au mépris de la Triple Alliance, 6,000 hommes de troupes anglaises et sa flotte. Il devait obtenir en échange les îles de Walcheren et une somme considérable. Yolaine de Kéroual, qui accompagnait Henriette et devint plus tard favorite du roi d'Angleterre et duchesse de Portsmouth, contribua à cette négociation. La cour de France parvint aussi facilement à gagner l'alliance de la Suède. Cette puissance, en retour d'un fort subside, prit l'engagement d'envoyer 10,000 fantassins et 6,000 chevaux, contre tout État d'Allemagne qui tenterait de secourir les Hollandais. Louis s'assura enfin du concours de l'évêque de Munster et de l'électeur de Cologne. L'Espagne résista à tous les efforts tentés par la France. D'un autre côté, l'électeur de Brandebourg, Frédéric-Guillaume, résolut d'appuyer la Hollande et s'engagea à lui fournir 20,000 hommes.

Louis XIV commença les hostilités en faisant envahir la Lorraine par le maréchal marquis de Créqui (1670). Le duc de Lorraine s'enfuit en Allemagne. La possession de la Lorraine, interceptait toute communication entre les Pays-Bas et la Franche-Comté.

Le 16 avril 1672, 6,000 Anglais, sous les ordres du duc de Monmouth, fils naturel de Charles II, vinrent renforcer les Français. Louis lança alors sa déclaration de guerre. Son armée, forte de 130,000 hommes, était divisée en trois corps commandés respectivement par Turenne, le prince de Condé et le comte de Chamilly. Condé devait former l'avant-garde. Le roi accompagnait le corps de Turenne auquel était attaché le contingent britannique où Churchill, duc de Marlborough, servait comme capitaine.

L'armée française marcha sur Charleroi, de là vers la Meuse qu'elle franchit à Maeseyck, pour envahir la contrée par la trouée entre le Rhin et la Meuse; on évitait ainsi Maestricht qui fut bloqué. Les diverses villes des rives de la Meuse et du Rhin se rendirent sans résistance.

Les Hollandais avaient environ 50,000 hommes dont les trois quarts étaient dispersés dans les forteresses. Le prince d'Orange, Guillaume-Henri de Nassau, plus tard roi d'Angleterre, alors âgé de 22 ans, vint avec 12,000 hommes occuper la rive droite de l'Yssel, pour en disputer le passage aux Français.

La sécheresse de la saison avait rendu le Rhin guéable à

peu près à la jonction de ce fleuve avec l'Yssel, près d'une vieille tourelle qui servait de bureau de péage et qu'on nommait le *Tolhuys*. Dix-sept soldats hollandais occupaient ce poste.

Des gens du pays informèrent les Français de cet état de choses. Le gué fut reconnu avec soin et jugé praticable à la cavalerie, sauf sur une distance d'une vingtaine de pas à traverser à la nage. Le passage fut aussitôt décidé d'après cette reconnaissance.

Sur la rive opposée se trouvait le feld-maréchal Wurtz, avec quatre régiments de cavalerie et deux d'infanterie, troupes allemandes et hollandaises, retranchées derrière un parapet en terre, à une lieue de l'endroit où les Français devaient franchir le fleuve.

« Ce fut, dit Capefigue, un beau spectacle que le matin du 5 juin 1672. Le régiment des cuirassiers dont le comte de Rével était le colonel, commença à s'enfoncer dans les eaux du Rhin. Ces hommes de forte stature, bardés de cuirasses, montés sur des chevaux de haute taille, s'avançaient par escadron à travers le courant du fleuve. Leurs armes brillaient de mille feux resplendissant au soleil. Parvenus au milieu du Rhin, les cuirassiers ne purent tenir leurs rangs ; quelques uns furent entraînés par la rapidité du flot et se noyèrent. Heureusement pour eux, le feld-maréchal Wurtz n'avait aucune artillerie, tandis que Condé les protégeait de quelques volées de coup de canon, et de nouveaux escadrons se mirent en bataille au bord de l'eau. »

Ainsi passèrent presque sans risque la meilleure cavalerie et les volontaires gentilshommes de la Maison du Roi, en tout 15,000 hommes. A peine quelques cavaliers hollandais entrèrent-ils dans la rivière en faisant un simulacre de défense. Ils s'enfuirent au bout de quelques instants devant

la multitude qui venait à eux. La Maison du Roi attaqua les
retranchements défendus par le maréchal Wurtz. Celui-ci fi -
sa retraite avec précipitation, délaissant son arrière-garde

Il n'y aurait eu personne de tué dans cette journée, sans
l'imprudence du jeune duc de Longueville, neveu de Condé.
On dit qu'ayant la tête troublée par les fumées du vin, il tira
un coup de pistolet sur les ennemis qui demandaient grâce,
en leur criant : « Point de quartier pour cette canaille ! » Le
coup avait tué un de leurs officiers. L'infanterie hollandaise
exaspérée saisit aussitôt ses armes et tua le jeune duc, auteur
de cette injustifiable agression. Un capitaine de cavalerie
hollandaise, nommé Ossembroek, courut au prince de Condé,
au moment où celui-ci, ayant effectué le passage en bateau,
mettait pied à terre et s'apprêtait à monter à cheval. L'officier
appuya son pistolet à la tête du prince, mais Condé, par un
brusque mouvement, détourna le coup qui lui fracassa néanmoins le poignet.

Les Français irrités passèrent par les armes tous les
ennemis qu'ils purent atteindre.

Louis XIV, après avoir dirigé lui-même toute la marche,
traversa le fleuve, avec l'infanterie, sur un pont de bateaux.

Avant de continuer notre récit, disons quelques mots de
la Maison du Roi dont nous venons de parler.

Sous Louis XIV, tout gentilhomme devait servir en temps
de guerre. Comme il n'y avait pas assez de places d'officiers
vacantes dans les régiments, pour les nobles qui se pré-
sentaient, le roi résolut de former un corps spécial de tous
ceux d'entre eux laissés sans emploi. Ce corps s'appelait
Maison du Roi et comptait environ 2,000 nobles. Louis XIV
traitait avec une grande déférence les volontaires de sa Maison. Il se découvrait souvent en leur présence, et ne les

saluait jamais que du nom de « Messieurs. » Dans les camps, ces brillants gentilshommes menaient une vie bruyante. Leurs loisirs étaient partagés entre un jeu effréné et la bonne chère ; aussi, Louis se crut-il obligé de leur imposer une discipline sévère. Sur les champs de bataille, la Maison du Roi était admirable de valeur.

La position du prince d'Orange étant tournée par le passage du Rhin, effectué par l'armée française, Louis XIV traversant de nouveau le fleuve, mais cette fois sans aucune difficulté, pénétra au cœur de la Hollande et subjugua les provinces de Gueldre, d'Over-Yssel et d'Utrecht. Il fixa sa cour dans la ville d'Utrecht, et s'apprêtait à marcher sur Amsterdam, mais il fut arrêté dans ses conquêtes, les Hollandais ayant coupé les digues et inondé le pays.

Le plan de campagne de Louvois était d'arriver à Amsterdam par terre, à la faveur des gelées, tandis que les flottes française et anglaise, sous les ordres du duc d'York, qui régna plus tard sous le nom de Jacques II, attaquaient par le Zuiderzee. Ces projets furent déjoués par l'intrépide amiral Ruyter, qui battit les flottes ennemies à Scheveningue.

Les Hollandais demandèrent bientôt la paix, mais ils ne reçurent que des réponses pleines de hauteur et des propositions inacceptables. Désespérés, ils rétablirent le stadhouderat, aboli antérieurement, et donnèrent au jeune prince d'Orange, l'ardent partisan de la continuation de la guerre, toutes les charges de ses prédécesseurs. Une populace furieuse massacra le grand pensionnaire Jean De Witt et son frère Corneille, républicains zélés et excellents citoyens, mais qui, par leur opposition à la continuation de la guerre et à la maison d'Orange, étaient regardés comme les auteurs des calamités de la patrie.

La campagne de Hollande, que nous venons de décrire, est appelée par quelques historiens *la Guerre des médailles*. En effet, après la paix d'Aix-la-Chapelle, les Hollandais firent frapper plusieurs médailles commémoratives, dont l'une, représentant le soleil s'éteignant sous des flots d'eau, avait cet exergue : *In conspectu meo stetit sol.* (En ma présence le soleil s'arrêta.) L'allusion était évidente, car un ambassadeur des Provinces-Unies, à Paris, portait le nom de Josué, et Louis, pour signaler que rien ne pouvait égaler sa gloire, avait pris pour emblème un magnifique soleil avec la devise : *Nec pluribus impar.*

Une telle insulte devait blesser l'irritable fierté de Louis XIV. Aussi parmi les conditions imposées à la Hollande, après l'invasion de 1672, il était stipulé qu'en reconnaissance de la paix, les États-Généraux feraient présent, chaque année, à Sa Majesté, d'une médaille d'or pesant un marc, laquelle perpétuerait la bonté du roi de France envers la Hollande.

Entretemps l'électeur de Brandebourg arriva avec 20,000 hommes au secours de la Hollande. Les Français furent obligés d'envoyer contre lui le maréchal de Turenne avec 12,000 hommes, qui passèrent le Rhin à Wesel, pour opérer de concert avec les petits États allemands.

Léopold I envoya le comte de Montecuculli, avec un corps d'armée, pour agir avec l'électeur de Brandebourg ; mais le comte n'entreprit rien, les Français n'ayant menacé aucune place de l'empire.

Le corps de Turenne fut renforcé et menaça la Westphalie. Aussitôt l'électeur de Brandebourg, craignant pour ses propres États, fit la paix. Le duc de Lorraine dépossédé parvint à lever 18,000 hommes et l'Espagne déclara la guerre à la France.

Cependant Condé investit subitement Maestricht, dont Louis XIV dirigea le siége. La place fut prise en treize jours (29 juin 1673). Ce siége est mémorable parce que c'est le premier où l'on ait fait usage de zigzags, d'après la méthode introduite par Vauban.

Le prince d'Orange, renforcé d'un contingent espagnol, assiégea et reprit Naarden, passa le Rhin à Wesel, et alla faire sa jonction avec Montecuculli, près de Bonn, évitant le corps d'armée de Turenne.

En présence des corps d'armée considérables des Hollandais, des Espagnols et des Impériaux, qui menaçaient les Français à revers, ceux-ci évacuèrent toutes leurs conquêtes de Hollande, sauf Grave, Maeseyck et Maestricht et se retirèrent en Belgique. Les Impériaux prirent leurs quartiers d'hiver dans l'électorat de Cologne.

L'année suivante (1674), le Parlement d'Angleterre ayant refusé tout subside pour la guerre contre les Hollandais, le roi Charles II fut obligé de faire la paix avec eux. Le corps de Monmouth continua néanmoins à rester sur le continent, comme partie intégrante de l'armée de Turenne. Les petits États d'Allemagne firent aussi la paix avec les Provinces-Unies, et Frédéric-Guillaume renouvela avec elles le traité d'alliance, en vertu duquel il devait fournir un contingent de 20,000 hommes.

Léopold I déclara la guerre à la France.

Louis XIV mit trois armées en campagne. Condé eut le commandement de celle des Pays-Bas, forte de 40,000 hommes ; Turenne de celle du Rhin, comptant 20,000 hommes, tandis que le roi lui-même prit le commandement de la troisième, évaluée à près de 60 à 70,000 combattants destinés à opérer dans la Franche-Comté.

L'ancien plan de campagne de Louvois fut totalement changé, en présence de la position des armées alliées à combattre. Il ne pouvait plus être question de prendre le Zuiderzee comme objectif. La principale ligne d'opération devaient être le Rhin et les Vosges. Il fut donc décidé que Condé se tiendrait sur la défensive dans les Pays-Bas, que le roi entrerait dans la Franche-Comté, tandis que Turenne marcherait par l'Alsace vers le Palatinat, pour empêcher aux alliés le passage du Rhin.

L'invasion de la Franche-Comté se fit sans rencontrer de résistance. En moins d'un mois, le corps d'armée de Louis, sous lequel commandait le duc de Navailles, s'empara de tout le territoire; et de Vesoul à Lons-le-Saulnier, le drapeau français remplaça le drapeau espagnol.

Condé vint prendre position entre Mons et Charleroi. Le prince d'Orange voulut s'opposer à lui, mais bien que recherchant une bataille, il n'osa attaquer les Français, dans l'excellente position stratégique qu'ils occupaient. Le prince se rabattit sur Audenarde, dans le but d'en faire le siége. Son armée, forte de 55,000 hommes, était composée d'Espagnols, sous les ordres du comte de Monterey, vingtième gouverneur des Pays-Bas, d'Allemands conduits par le comte de Souches, et de Hollandais, sous son propre commandement.

Le 21 août 1674, au matin, l'armée alliée se trouvait à la hauteur de Seneffe, marchant vers Ath et prêtant ainsi le flanc aux attaques de l'ennemi. Devant traverser plusieurs défilés, elle fut obligée de se morceler. La cavalerie allemande constituait l'avant-garde. Le corps de bataille, formé principalement d'infanterie hollandaise et sous les ordres directs d'Orange, venait ensuite; enfin l'arrière-garde du comte de Monterey fermait la marche. Le terrain très-accidenté était couvert de haies et de bois ou entrecoupé de marais.

Condé, parfaitement au courant de tous les mouvements de l'ennemi, fondit sur l'arrière-garde, qui sortait du village de Seneffe et était séparée du reste des troupes. Au bruit de cette surprise, le prince d'Orange accourut. L'arrière-garde culbutée d'abord parvint à se reformer au village de Fayt dont elle se fit un point d'appui. L'infanterie hollandaise couronna immédiatement toutes les hauteurs boisées sur sa gauche. A cette époque, on ne connaissait pas encore l'art de se porter d'une position à une autre en s'y déployant rapidement; aussi les chocs successifs des Français furent infructueux. Les assaillants s'étaient heurtés contre la colonne presqu'entière des Hollandais. L'action fut des plus acharnées et dura douze heures. Deux fois les Français virent leurs assauts repoussés. La nuit étant survenue, la bataille continua à la clarté de la lune. A minuit, Condé ordonna une dernière attaque (1), mais toutes les positions en-

---

(1) Malgré la position formidable de l'ennemi, emporté par son courage, et se flattant d'ailleurs que la terreur qu'avait dû répandre son premier succès pourrait en entraîner un second, Condé marche en avant avec intrépidité. Dans ce moment, Fourilles, un de ses meilleurs officiers et à qui l'arme de la cavalerie devait une discipline nouvelle, voulut lui faire quelques observations sur un ordre d'attaque qu'il reçut du prince. « Ce ne sont point des conseils que je vous demande, répondit le prince, dont la bouche n'était pas assez fermée aux paroles d'outrage et d'impatience, ce n'est pas d'aujourd'hui que je sais que vous aimez mieux raisonner que combattre. » Fourilles ne méritait pas un tel reproche : il obéit frémissant de rage et disperse tout devant lui. Mais il est frappé d'un coup mortel; il tombe, et encore sensible à son affront : « Je ne demande à Dieu, dit-il en expirant, qu'une heure de vie, pour voir comment monsieur le prince se tirera d'affaire.» Il l'aurait vu victorieux; mais parce que Condé, à la tête des gardes du corps, paya de sa personne et vainquit l'opiniâtreté de ses adversaires autant que leur courage. Le général espagnol marquis

nemies étaient évacuées. Cette sanglante journée n'amena aucun résultat. 25,000 hommes environ furent tués ou blessés. Le bouillant Condé eut trois chevaux tués sous lui et faillit être fait prisonnier.

Les deux partis s'attribuèrent l'avantage. Cependant le prince de Condé n'avait pas réussi à couper l'arrière-garde alliée, tandis que le prince d'Orange, poursuivant sa marche, put investir Audenarde.

Vauban, qui avait la direction de la défense de la place, ordonna d'ouvrir les écluses de l'Escaut, à Tournai. L'inon-

---

d'Assentar, frappé de six blessures, refusa de quitter le champ de bataille, et une septième lui enleva la vie. Imitant son exemple, la plupart des autres officiers furent tués ou grièvement blessés. Le prince d'Orange se fortifia en hâte derrière des bois et des marais dominés par des hauteurs où il plaça son artillerie, et conservant toujours l'avantage du nombre, il se donna encore celui de la position. Mais la déroute complète de l'ennemi ne pouvait étancher chez Condé la soif de la gloire; il forme sans délai son plan d'attaque, l'exécute à l'instant et ne se rebute ni par les pertes qu'il éprouve, ni par les renforts de troupes fraîches, par lesquelles l'ennemi remplace celles qu'il a détruites. Un régiment d'infanterie plie à ses côtés; il descend de cheval pour se mettre à sa tête. Mais sa présence ne peut arrêter la fuite, et il se trouve presque livré à l'ennemi. « Sauvez-vous, Monseigneur, lui crie-t-on, courez, vous allez être pris. » Maître de lui-même, au milieu du danger : « On ne court pas, répond-il gaiement, faisant allusion à la goutte dont il était rongé, on ne court pas avec mes mauvaises jambes. » Cependant il ordonna un mouvement décisif à deux bataillons suisses, qu'effraie l'entreprise, ou qui, la regardant comme impossible, haussent les épaules, et n'obéissent point. Il fallait qu'il y eût quelque chose d'excusable dans ce refus, car au lieu de s'emporter, Condé se contenta de dire froidement : « Cherchons-en d'autres, car ceux-ci n'iront jamais. » La nuit qui survint n'arrêta pas l'acharnement des soldats. La lune éclaira jusqu'à minuit un combat qui durait depuis dix heures du matin, et au retour de l'aurore, le prince voulait le renouveler; mais lui seul avait encore envie de se battre, et l'on prétend même qu'à ce moment, les deux armées frappées d'une terreur mutuelle, s'éloignèrent simultanément du champ de bataille. *(Note tirée d'Anquetil).*

dation qui s'en suivit à Audenarde et les mouvements de
l'armée française obligèrent d'Orange à lever le siége. Il
envoya alors un corps de troupes pour s'emparer de Huy et
alla lui-même prendre part au siége de Grave, ville qui
ne tarda pas à se rendre. Condé envoya un renfort considérable à Turenne et mit ses troupes en quartier d'hiver.

II

*Turenne en Alsace et dans le Palatinat. — Bataille de Sinzheim. —
Combat d'Enzheim. — Affaire de Turkeim. — Mort de Turenne. —
Armée de la Moselle. — Turenne, Condé et Montecuculli. — Bataille de
Cassel. — Surprise de Léau. — Paix de Nimègue.*

Les Impériaux voulaient traverser le Rhin et chasser les
Français de la Lorraine. Le duc de Lorraine s'était déjà
porté avec 9 à 10,000 hommes sur le Necker et attendait du
renfort pour marcher vers ses États. Turenne se trouvait à
Bâle, pour protéger la conquête de la Franche-Comté. Aussitôt qu'il apprit la position du duc de Lorraine sur la rive
droite du Rhin, il descendit entre la rive gauche du fleuve
et les Vosges, jusqu'à Saverne, pour arrêter l'ennemi. Le duc
de Lorraine ne voulait pas agir avant d'avoir reçu ses renforts ; il croyait du reste Turenne bien loin de lui, lorsque
ce dernier marcha vers la droite en changeant rapidement
de direction, l'atteignit le 16 juin 1674, à Sinzheim sur
l'Elzbach et lui livra combat.

Les Impériaux, ayant leur cavalerie aux ailes, étaient
rangés en bataille sur deux lignes, le dos tourné à la forêt
dite Stadt forle Wald, près de la ville de Sinzheim, où ils

n'avaient laissé pour la défense qu'un régiment d'infanterie et 400 dragons.

Turenne, avec 8,900 hommes, prit position dans la vallée de l'Elzbach, sur deux lignes ayant en front l'artillerie. Son premier soin fut d'envoyer un détachement attaquer la garnison de Sinzheim. Pendant une heure et demie, on combattit dans les jardins et les bâtiments de l'abbaye voisine de la ville. Une partie des Impériaux y furent faits prisonniers ; le reste prit la fuite.

En vain le duc de Lorraine avait-il envoyé un régiment pour soutenir ces troupes. Le régiment fut arrêté à mi-chemin par un détachement français qui l'obligea à reculer.

Turenne envoya de l'infanterie occuper le ravin étroit qui menait à la position des Impériaux. Il fit ensuite passer l'Elzbach au reste de ses troupes et les posta, en plusieurs lignes, sur le plateau resserré qui se trouvait à droite du ravin.

Pendant que Turenne prenait ses dispositions, le général de Saint-Abre, qui commandait la première ligne, s'avança en rase campagne et présenta à l'ennemi ses flancs dégarnis. Le duc de Lorraine s'en aperçut, se précipita sur lui et le culbuta sans beaucoup de peine. La cavalerie française prit la fuite, mais les corps d'infanterie purent se dérober à la poursuite des cuirassiers impériaux, grâce à une épaisse poussière.

Turenne accourut et fit avancer toute son armée dans la plaine, où il prit une nouvelle position sur trois lignes présentant un front aussi étendu que celui de l'ennemi.

Les Français reprirent alors l'offensive. L'affaire devint chaude et les escadrons des deux armées, couverts d'un épais nuage de poussière se chargèrent à différentes reprises. Les Impériaux opposèrent une vive résistance. A la fin ce-

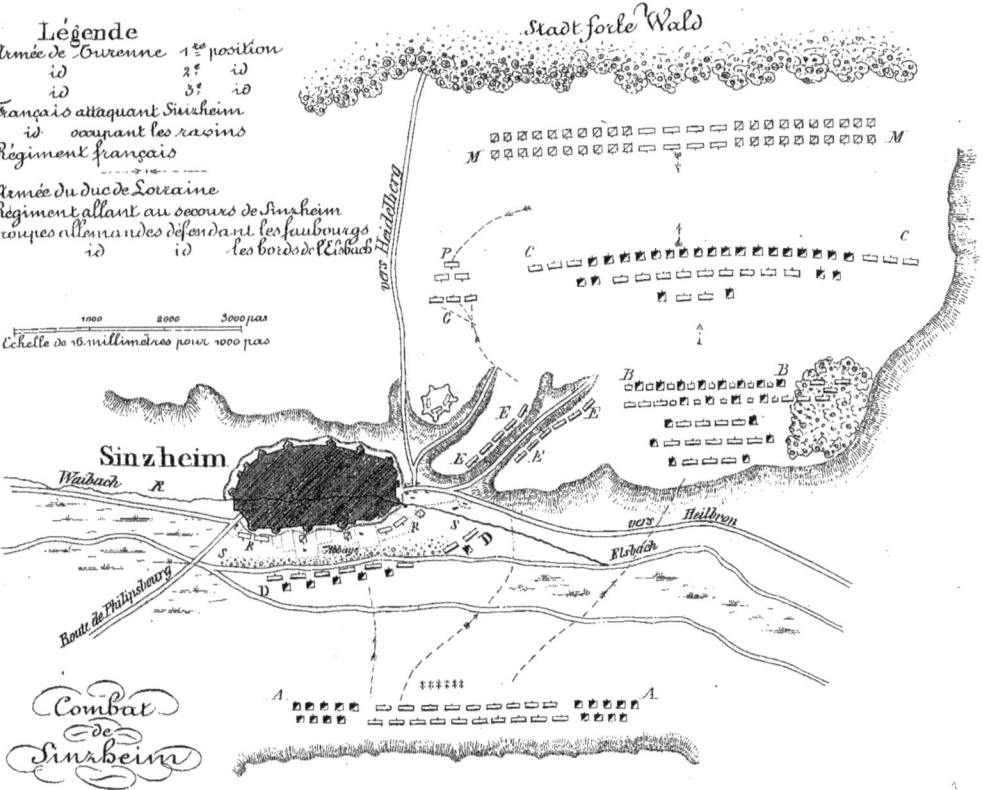

Stadt forte Wald

Légende

AA Armée de Turenne 1ère position
BB   id   2e   id
CC   id   3e   id
DD Français attaquant Sinzheim
EE   id   occupant les ravins
G Régiment français

MM Armée du Duc de Lorraine
P Régiment allant au secours de Sinzheim
RR Troupes allemandes défendant les faubourgs
SS   id   id   les bords de l'Elsbach

1000   2000   3000 pas

Echelle de 16 millimètres pour 1000 pas

vers Heidelberg

Sinzheim

Waibach

vers Heilbron

Elsbach

Route de Philipsbourg

Abbaye

Combat
de
Sinzheim

pendant, le duc de Lorraine dut ordonner à sa seconde ligne de battre en retraite dans la forêt ; le reste de ses troupes suivit bientôt le même chemin et le champ de bataille resta au pouvoir de Turenne.

Les Impériaux gagnèrent le Necker, et se mirent en sûreté au-delà de cette rivière.

Les Français perdirent 1,100 hommes ; les Impériaux, 2,000, sans compter 500 prisonniers.

Kaussler attribue la défaite des Impériaux :

1° à la faible résistance qu'ils opposèrent au passage de l'Elzbach par les Français ;

2° à leur position éloignée de Sinzheim, ce qui les força de rester spectateurs oisifs de la prise de cette ville, et permit aux Français de passer la rivière sans difficulté ;

3° à la faute que commit le duc de Lorraine en envoyant trop tard des troupes pour soutenir la garnison de Sinzheim ;

4° au manque d'artillerie des Impériaux ; au moins n'est-il fait mention de cette arme, dans aucune relation.

Cette victoire contribua puissamment à grandir Turenne dans l'esprit de ses soldats et même de ses ennemis.

Turenne fit repasser le Rhin à ses troupes pour leur procurer les subsistances dont elles avaient besoin.

Les renforts attendus par les Impériaux vinrent les rejoindre sur le Necker. Turenne dont l'armée avait été aussi renforcée par des troupes du corps de Condé, traversa de nouveau le Rhin pour se porter contre les Impériaux. Les généraux qui commandaient ceux-ci, mal instruits des forces dont disposait le maréchal, reculèrent et mirent le Mein entre eux et lui. Le Palatinat fut ainsi livré aux Français.

3

L'électeur palatin, après avoir tenu le parti de la France, s'était tourné contre elle. Pour l'en punir et empêcher l'ennemi de subsister encore dans ce pays, les Français ravagèrent les campagnes, détruisirent ou incendièrent plusieurs villes ou villages et commirent toutes espèces d'excès (1). Leur armée alla ensuite s'établir aux environs de Landau.

Les Allemands, au nombre de 35,000 hommes, se portèrent en avant, et traversèrent le Rhin à Mayence. On craignit en France une invasion en Lorraine et en Champagne. Turenne reçut en conséquence l'ordre d'évacuer l'Alsace, mais confiant dans ses propres projets, il n'exécuta point ce mouvement de retraite.

L'ennemi, reconnaissant la difficulté de forcer les Français dans leur position, repassa le Rhin. Peu de temps après cependant, il pénétra sans difficulté en Alsace par le pont de

(1) Le paysan, au désespoir, vengea sa ruine par des atrocités qu'il se permit sur quelques maraudeurs, et surtout sur quelques Anglais des régiments de Douglas et d'Hamilton, qui, malgré la paix entre l'Angleterre et les États-Généraux, avaient refusé, par estime pour Turenne, de quitter son armée. Ceux-ci, ayant rencontré leurs camarades mutilés de la manière la plus barbare, massacrèrent à leur tour tout ce qui se trouva sous leurs pas, et marchant comme des furieux, le fer et la flamme à la main, ils incendièrent plusieurs villes, bourgs et villages.

Dans la douleur et l'indignation dont fut pénétré l'électeur, il fit porter à Turenne, par un trompette, une lettre piquante, où lui attribuant l'ordre formel de ces embrasements, il en faisait ironiquement honneur au changement opéré en lui depuis sa conversion à la religion catholique, et après lui avoir rappelé que ce pays désolé par ses troupes avait autrefois servi d'asile à son père, il finissait par lui demander heure et lieu pour tirer de lui une satisfaction, qu'il ne pouvait obtenir à la tête d'une armée. Turenne, dans sa réponse, passa sous silence l'article du cartel, il nia d'avoir donné les ordres odieux que lui imputait l'électeur, lui rendit compte avec simplicité des causes qui avaient amené ces malheurs imprévus et promit de les punir. (ANQUETIL).

Strasbourg que les magistrats de cette ville neutre lui avaient livré.

La situation de Turenne devenait d'autant plus critique que l'électeur de Brandebourg, à la tête de 25,000 hommes, était en marche pour se joindre aux 35,000 combattants de l'armée alliée. Mais comme la saison était déjà avancée, et que l'électeur n'avait d'autre projet pour cette année que d'établir ses quartiers en Alsace, il marchait à très-petites journées. Turenne profita de cette connaissance pour attaquer les Allemands, avant l'arrivée de l'électeur de Brandebourg.

Au jour fixé par lui (4 octobre 1674) et lorsqu'on ne pouvait le croire occupé que de sa propre sûreté dans son camp, il se mit en mouvement, longea les Vosges jusqu'à Moltzheim, et descendit des hauteurs de ce village pour tomber sur les alliés qui débouchaient dans les plaines d'Enzheim. Malheureusement une pluie affreuse ralentit sa marche et lui fit trouver en bataille un ennemi qu'il eût surpris sans ce contretemps. La pluie ne discontinua pas et même dans le cours de l'action elle redoubla avec une telle violence que le combat dut être suspendu ; aussi n'y eut-il aucune de ces évolutions qui, souvent, décident de la victoire. Tous les efforts de Turenne se portèrent contre la gauche des Allemands. Ceux-ci étaient couverts sur ce point par un petit bois ; ils y résistèrent à quatre attaques vigoureuses de l'infanterie française, mais ils cédèrent à une cinquième conduite par Turenne lui-même qui eut un cheval tué sous lui. Ce succès entraîna le gain de la bataille. Les ennemis se retirèrent en assez bon ordre sous le canon de Strasbourg, laissant 3,000 des leurs sur le terrain.

Ce nouvel avantage de Turenne retint ses ennemis dans l'inaction jusqu'à l'arrivée de l'électeur. Après sa victoire, il se retira dans les environs de Saverne et de Haguenau.

L'approche de l'électeur avec une armée de renfort considérable avait jeté l'alarme dans toute la France. Turenne pourtant était tranquille. Au moment où les alliés, rejoints par l'électeur, se proposaient de l'attaquer, il leur échappa par une retraite habile. Il reçut en même temps un renfort de 6,000 hommes, de l'intérieur de la France, tandis qu'une division de 14,000 hommes de l'armée de Condé alla prendre position dans la Lorraine allemande.

La saison était très-avancée. Les alliés, maîtres du Rhin, prirent leurs quartiers d'hiver. Turenne laissa supposer qu'il allait en faire autant. Il traversa donc les Vosges, comme pour cantonner ses troupes en Lorraine.

Les alliés se postèrent sur une assez vaste étendue, la droite appuyée au Rhin, la gauche vers les Vosges et le front couvert par le ruisseau de Turkeim. Croyant les Français loin d'eux, ils campaient dans une sécurité complète, lorsqu'à la fin de novembre, et par un froid qui rendait invraisemblable toute marche d'armée, Turenne mit en mouvement tous ses quartiers, ainsi que la division cantonnée dans la Lorraine allemande. Ces corps marchèrent pendant un mois, à l'insu les uns des autres, à travers les Vosges, par des chemins différents et réputés impraticables.

Le 27 décembre 1674, toutes les troupes françaises se trouvèrent réunies, à leur grand étonnement, dans la plaine de Belfort, non loin des quartiers de l'armée du duc de Lorraine, lesquels furent aussitôt refoulés. Le duc et ses généraux refusèrent d'ajouter foi aux premiers avis de l'apparition de Turenne. Leur incrédulité ne fut pas de longue durée. A chaque instant, en effet, des partis impériaux, ignorant la proximité de l'armée française, tombaient au milieu de ses divisions. Les quartiers les plus éloignés purent seuls se

soustraire à cette espèce de piége. Ils se réunirent à Turkeim, près de Colmar, où se tenait l'électeur de Brandebourg.

Le 5 janvier, toute l'armée française, pleine de confiance,
se trouva prête à attaquer. Turenne attendit la chute du jour
pour porter ses troupes en avant. Il comptait que l'ennemi,
surpris et découragé par ses pertes récentes, battrait en retraite, à la faveur de la nuit. Ces prévisions se réalisèrent;
les Impériaux se replièrent sur Strasbourg, où, le 11 janvier 1675, ils repassèrent le Rhin, évacuant l'Alsace, comme
Turenne l'avait promis à Louis XIV.

En 1675, les Français mirent de nouveau trois armées en
campagne. La première, sous les ordres de Louis XIV et de
Condé, devait opérer sur la Meuse. Une garnison française
renforça Liége, ville de l'électorat de Cologne, qui pouvait
offrir des ressources au prince d'Orange, dans le cas très-
probable, où il voudrait assiéger Maestricht.

Louis XIV, après avoir pris Dinant, Huy et Limbourg,
envoya une partie de ses troupes à Turenne et retourna à
Paris.

Les Suédois, en exécution du traité conclu avec la France
en 1670, avaient envahi le territoire prussien. L'électeur Frédéric-Guillaume quitta l'armée du Rhin pour défendre ses
États, laissant le commandement de l'armée alliée (Lorrains
et Impériaux) à Montecuculli.

Ce général se proposait d'envahir l'Alsace par Strasbourg.
Turenne, qui commandait la deuxième armée, fit construire
à la hâte et dans le plus grand secret un pont de bateaux, à
quatre lieues au-dessus de Strasbourg, et se plaça entre cette
ville et Montecuculli.

Le général impérial prit position pour menacer à son tour le pont établi par Turenne. Celui-ci alors, sans que l'ennemi s'en aperçût, en fit construire un autre, près d'Altenheim, à une lieue de Strasbourg.

Montecuculli, obligé de reculer, alla prendre position sur les hauteurs de la Renchen, petit affluent du Rhin.

Turenne projeta de l'en déloger. Avec des peines infinies il parvint à tourner la position ennemie, en remontant la rivière jusqu'à sa source dans les montagnes, et se créant un chemin à travers les bois, les fondrières et les ravins. Le 27 juillet 1675, voulant livrer bataille, il prit position à Salzbach, en face de l'armée impériale. Déjà son aile gauche et son centre étaient placés, et il se portait vers la droite pour reconnaître un corps ennemi qui manœuvrait, lorsqu'un boulet de canon emporta, à ses côtés, le bras du marquis de Saint-Hilaire et le frappa lui-même en plein corps (1). Ainsi

---

(1) Ce jour, 27 juillet, après avoir entendu la messe et communié de bonne heure, Turenne disposa son ordre de bataille : sa gauche et son centre prirent position au lieu qu'ils devaient occuper dans le combat, et sa droite n'eut plus qu'un mouvement à faire pour s'y placer. Ce fut dans ce moment que, considérant l'ordonnance de l'ennemi, et ne pouvant, malgré sa réserve ordinaire, contenir l'excès de sa confiance, il s'écria : « Je les tiens, et je vais recueillir les fruits d'une si pénible campagne ! » Il y avait déjà quatre mois qu'elle durait, et que les deux chefs épuisaient l'un contre l'autre toutes les combinaisons de la tactique la plus savante.

Cependant les officiers de la droite, inquiets du mouvement d'une colonne ennemie, ne cessaient de député vers le maréchal pour avoir ses ordres, et pour qu'il vînt même prendre connaissance par ses yeux de cette manœuvre. Il se rendit à leurs instances, et prit pour les joindre un chemin creux à l'abri du feu. « Car, disait-il au comte Hamilton, je ne veux pas être tué aujourd'hui. » Près d'arriver, il reconnut sur une éminence le marquis de Saint-Hilaire, lieutenant-général de l'artillerie, et s'approcha de lui pour avoir quelques renseignements sur la colonne dont on lui parlait. Le marquis la lui indiquait de la main, lorsque deux pièces de campagne tirant sur quelques

tomba cet illustre homme de guerre auquel Louis XIV accorda la sépulture des rois à Saint-Denis.

Montecuculli avait été averti aussitôt de la mort du maréchal par un déserteur. C'était peut-être pour lui le moment d'attaquer les Français, mais il ne profita de cet événement que pour se donner quelques avantages de position et préféra manœuvrer de façon à faire repasser le Rhin aux Français, sauf à tomber sur eux, au moment critique du passage. Dans ce but, il envoya un corps de cavalerie menacer le pont d'Altenheim.

Dans l'armée française, les généraux comte de Lorges et marquis de Vaubrun prétendirent au commandement. Ni l'un ni l'autre ne connaissait les projets de Turenne, et l'accord ne put s'établir entre eux sur la conduite à suivre. Il fut décidé, par le corps d'officiers, que les deux généraux alterneraient dans le commandement, et que la retraite s'opérerait dans la nuit. Un violent orage protégea ce mouvement, et Montecuculli ne put rejoindre l'armée française qu'au point du jour. Il apparut au moment où la moitié des troupes seulement avait traversé le Rhin et il engagea, à Altenheim, un combat avec l'arrière-garde qui, contre les règles de l'art, n'était composée que d'infanterie. L'arrière-

bataillons français mis en mouvement, pour parer à celui de l'ennemi, un des coups emporta un bras à Saint-Hilaire et alla frapper Turenne qui fit encore une vingtaine de pas sur son cheval et tomba mort.

Le fils du marquis de Saint-Hilaire, qui a laissé des mémoires, et qui rapporte les détails de cette catastrophe, à laquelle il était présent, se jeta dans ce moment sur son père, et cherchait en lui avec inquiétude un reste de vie qu'il craignait de ne plus trouver, lorsque le blessé lui adressa ces paroles sublimes : « Ce n'est pas moi, mon fils, c'est ce grand homme qu'il faut pleurer ; » et grand lui-même dans ses paroles et ses actions, il ordonna à ce même fils de le quitter et de courir au service de ses batteries. (ANQUETIL).

garde française fut très-maltraitée et le marquis de Vaubrun perdit la vie dans l'action.

Montecuculli traversa le Rhin à Strasbourg, assiégea Haguenau et Saverne, mais Louis XIV ayant envoyé immédiatement Condé en Alsace avec des forces considérables, les Impériaux durent repasser le Rhin, ce qui mit fin à la campagne sur cette frontière.

Le troisième corps français était commandé par Créqui. Les Allemands avaient passé le Rhin à Coblentz et s'avançaient pour reprendre Trèves (1). Le maréchal Créqui, en marchant au secours de cette ville, se laissa surprendre au pont de Conz (2) et fut complétement battu par le duc de Brunswick. Créqui se sauva dans Trèves avec quatre officiers seulement et fut fait prisonnier. La prise de Trèves fut le dernier fait d'armes du duc de Lorraine, Charles IV. Il mourut peu après, laissant ses droits et ses espérances à son neveu Charles V, déjà connu par divers exploits militaires.

Dans les Pays-Bas, le prince d'Orange assiégea et prit Binche (1675).

A cette époque de l'histoire nous voyons disparaître des

---

(1) Trèves était au pouvoir des Français depuis 1673.

(2) Les auteurs français que nous avons consultés assignent tous Consarbrucq comme théâtre de cette affaire; c'est une erreur. Des renseignements certains nous permettent d'affirmer que l'action eut lieu au pont de Conz, qui fut alors détruit. L'expression « *Geschlagen bei der Conzerbrücke*, » appliquée aux troupes de Créqui par les historiens allemands, doit se traduire par : « battues près du pont de Conz » et non par : « battues à Consarbrucq. » Au surplus, quoique la position de Consarbrucq soit renseignée sur quelques cartes, nous pouvons affirmer qu'il n'y a pas de village de ce nom aux environs de Trèves.

champs de bataille trois illustres généraux : Turenne, par sa mort; Condé et Montecuculli, par suite de leurs fatigues et de leurs infirmités.

Louis XIV, en campagne, ne commandait jamais en personne. Il s'adjoignait toujours un de ses habiles maréchaux ; néanmoins sa présence aux armées exerçait une influence prodigieuse.

Tel était son ascendant sur les gentilshommes, qu'ils sacrifiaient tout pour le servir. Leur valeur était traditionnelle ; ils savaient que noblesse oblige et mourir sur le champ de bataille, sous les yeux du roi, était pour eux la fin la plus enviable.

« Turenne, dit Capefigue, résuma son art admirable dans des marches rapides et imprévues, dans une suite de manœuvres qui portaient à l'improviste des masses d'un point sur un autre, sans qu'elles fussent attendues; il allait de surprise en surprise. Turenne joignait à une grande prudence la ferme et noble résolution d'épargner le soldat; il n'aimait point les batailles sans manœuvres, cette fixité terrible de deux corps en face l'un de l'autre, qui se canonnent et se fusillent. Turenne frappait des coups décisifs par la stratégie, il coupait un corps d'armée, apparaissait en face d'un autre au moment où celui-ci n'y prenait garde, de telle sorte qu'il l'enlevait sans coup férir; c'était le tacticien habile, qui agissait à vol d'aigle, le général des marches et des contre-marches. S'il épargnait la vie du soldat, il ne marchandait pas avec ses fatigues, et plus d'une fois les braves gentils-hommes murmuraient autour de lui, en cherchant à deviner une manœuvre qu'ils ne comprenaient pas, tant elle était contraire aux règles du noble courage qui fait qu'on marche toujours en avant. Turenne, sous ce rapport, descendait aux

plus petits détails, il aimait à s'expliquer avec ses officiers;
c'était le génie du raisonnement autant que de la guerre. »

« Condé, dit le même auteur, offre un talent tout différent;
c'est un véritable chef de cavalerie légère, un capitaine
hardi que rien n'arrête. Ses plans naissent sur le champ de
bataille, dès qu'il les a conçus, il s'entête à les défendre.
Condé a-t-il résolu de prendre une position, il l'ordonne
coûte que coûte.— Qu'importe une grande effusion de sang?
Une fois qu'il a arrêté un plan, il faut qu'on l'exécute; il
n'écoute pas les remontrances, il traite de lâches les gentilshommes qui n'obéissent pas jusqu'à la mort ! Il fait prendre des mamelons par la cavalerie, il sacrifie les gardes du
corps, ses réserves pour s'emparer d'une position qu'il croit
utile; en un mot il n'épargne pas le sang du soldat, il le pro-
digue pour aboutir à son plan de campagne. Mais combien
le génie de Condé n'est-il pas admirable lorsqu'il improvise
une attaque soudaine sur un corps d'armée, puis sur un
autre, de telle sorte qu'il frappe à droite, à gauche, toujours
avec le même courage, avec le même sangfroid personnel ! A
chaque engagement il a deux ou trois chevaux tués sous lui ;
il est blessé, il s'expose à la mort, il semble que son sang
n'est pas plus précieux que celui du dernier soldat : c'est
l'esprit de la vieille chevalerie. — Turenne c'est l'art militaire froid et moderne, c'est le chef de la nouvelle école.
Condé c'est encore la tactique des batailles féodales. »

Le comte Raimond de Montecuculli, né à Modène, général
instruit, habile, était d'une nature subtile et adroite; les ressources de la guerre lui étaient familières. Ses écrits remarquables, commentés par Turpin de Crissé, sont encore lus
avec intérêt. Il fut longtemps chef de l'artillerie des armées
impériales.

Montecuculli était très-aimé des soldats sur lesquels il

exerçait une grande influence. Son origine italienne lui suscita la jalousie des Allemands. Il servit l'Autriche avec courage, talent et dévouement.

Louis XIV prit le commandement de l'armée des Pays-Bas en 1676, et s'adjoignit le maréchal de Schomberg. Une deuxième armée; sous le duc de Luxembourg, opéra en Alsace, et une troisième, sous de Créqui, entre Sambre et Meuse.

La première s'empara de la ville de Condé, puis de Bouchain; de Schomberg envoya alors le maréchal d'Humières pour investir Aire.

Pendant ce temps, l'armée alliée essayait de reprendre Maestricht, mais aussitôt que les Espagnols apprirent que la ville d'Aire, une de leurs possessions, était menacée, ils se séparèrent des Hollandais pour aller à son secours. Ils arrivèrent trop tard et le prince d'Orange fut obligé de lever le siége de Maestricht.

Le maréchal de Créqui, à l'armée de Sambre et Meuse, attaqua inopinément Bouillon dont il s'empara, bien que cette ville appartînt au prince-évêque de Liége avec lequel la France était en paix.

Le duc de Lorraine, Charles V, avait succédé à Montecuculli dans le commandement. Il se rendit maître de Philipsbourg, en présence de l'armée du duc de Luxembourg, qui ne put s'opposer au siége de cette ville.

Pendant le cours de la campagne, des négociations de paix avaient été entamées à Nimègue, sous la médiation de l'Angleterre, mais elles n'aboutirent pas immédiatement.

L'armée des Pays-Bas, sous Louis XIV, ouvrit la campagne de 1677 par la prise de Valenciennes, puis par celle de Cambrai. Pendant que le roi faisait le siége de cette dernière ville, il envoya Philippe d'Orléans attaquer Saint-Omer.

Le prince d'Orange qui n'avait pu arriver assez tôt pour secourir Valenciennes et avait trouvé trop de difficultés à s'approcher de Cambrai, résolut de marcher sur Saint-Omer. Il était arrivé à Cassel, quand le duc d'Orléans quitta ses lignes pour aller le combattre (11 avril 1677).

Cassel est situé sur une hauteur au pied de laquelle coule un petit ruisseau, le Peene-becque, affluent de l'Yzer, dont les bords étaient couverts de broussailles. Le prince d'Orange fit avancer une partie de sa première ligne pour défendre le ruisseau et protéger une colonne de sa droite destinée à ravitailler Saint-Omer. Sur ces entrefaites, arriva le duc de Luxembourg avec un renfort envoyé par Louis XIV qui avait appris la marche du prince d'Orange. Le duc de Luxembourg pénétra le dessein de ce dernier. Sans lui laisser le temps de l'exécuter, il fit attaquer brusquement les détachements hollandais postés près du ruisseau, et les mit dans un désordre qui ne put être réparé à cause de l'éloignement du reste de la ligne. L'armée française ayant passé le ruisseau, la déroute de la première ligne hollandaise ne tarda pas à se communiquer à la seconde. Le prince d'Orange tenta en vain de rallier ses troupes; il fut obligé d'abandonner le champ de bataille, laissant 5 à 6,000 hommes hors de combat ou prisonniers.

Dans cette affaire, d'Humières commandait la droite et Philippe d'Orléans le centre des Français. Ce dernier montra une grande valeur. On prétend que Louis XIV, jaloux des succès de son frère, ne voulut plus lui confier de commandement d'armée.

Après la bataille, les Français retournèrent devant Saint-Omer qui bientôt capitula.

Le prince d'Orange alla investir Charleroi, mais le duc de Luxembourg, qui venait de prendre le commandement en chef de l'armée des Pays-Bas, l'obligea à lever le siége.

Pendant l'hiver, les Français s'emparèrent sans peine de Saint-Ghislain. Les eaux des fossés de cette place étaient gelées et la garnison avait négligé de rompre la glace. 1,100 soldats espagnols qui occupaient la ville se rendirent.

A l'armée du Rhin, le maréchal de Créqui tenait tête, avec succès, aux Impériaux qui essayaient de pénétrer en Lorraine par la ligne de Trèves à Metz. Les Français repoussèrent également un corps de troupes qui avait traversé le Rhin pour envahir l'Alsace et faire jonction avec l'armée du duc de Lorraine. Après plusieurs combats où il obtint l'avantage, Créqui, passant à son tour le Rhin, alla s'emparer de Frei-bourg.

Les succès des armées françaises alarmèrent les Anglais. Le parlement se déclara ouvertement en faveur des Hollandais, et décida qu'il n'accorderait plus de subsides pour la guerre, à moins d'alliance avec la Hollande.

Cette même année, le prince d'Orange épousa la princesse Marie, fille du duc d'York, plus tard roi d'Angleterre, sous le nom de Jacques II.

En 1678, l'armée de Flandre, sous les ordres de Louis XIV, s'empara de Gand et d'Ypres.

Un incident, sans importance sur l'ensemble des opérations, mais qui montre ce que peut l'audace, en fait de surprise militaire, mérite d'être raconté.

La petite ville de Léau, entourée de marais et d'eau, avait une garnison espagnole de 600 hommes. Cette place, au dix-septième siècle, présentait une forte enceinte, précédée d'un fossé profond avec chemin couvert. Il s'y trouvait une citadelle en forme de carré bastionné ; cet ouvrage en terre était fraisé et palissadé avec soin.

Une seule route, très-étroite, bordée à droite et à gauche de terrains impraticables, permettait l'approche jusqu'à la contrescarpe. La route était défendue par de solides barrières.

Dans de telles conditions, Léau passait pour un poste imprenable. Le colonel de la Bretèche, des dragons français, en garnison à Maestricht, partit de cette ville, le 1 mai 1678, avec 300 fantassins d'élite, 100 dragons, 250 cavaliers et une compagnie de 50 habiles nageurs, sous les ordres du capitaine de Brémeau. Ils emportèrent avec eux vingt batelets en osier et jonc rendus imperméables au moyen d'une doublure en toile cirée, et assez légers pour être transportés sans peine à une grande distance.

Ces troupes marchèrent, par petits détachements, suivant différents chemins et se réunirent, le 3 mai au soir, au point de concentration désigné d'avance, à quatre lieues de Léau. On se remit aussitôt en marche et on arriva, à une heure du matin, devant la place à surprendre. On disposa les batelets de jonc ainsi que le matériel et les agrès transportés sur les lieux, afin de tout préparer pour construire un pont en quelques instants.

Le capitaine de Brémeau et ses nageurs se jetèrent à l'eau. Le bruit qu'ils firent en s'avançant à la nage, l'épée entre les dents, éveilla l'attention d'une sentinelle qui donna l'alarme. Les nageurs suivis de vingt soldats dans quelques-uns des batelets, mirent pied à terre dans la place, en brisant les palissades des retranchements et parvinrent jusqu'à la contrescarpe du fossé de la citadelle.

Un détachement de dragons, muni d'échelles, s'était avancé par la chaussée et, couvrant de manteaux les pointes dont étaient hérissées les barrières, franchit ces obstacles. On en était là avant que l'ennemi eût eu le loisir de se reconnaître.

Les dragons, en tête de l'attaque sur la chaussée, furent suivis d'un second détachement apportant les objets nécessaires à la construction d'un pont qu'ils commencèrent dès l'instant de leur arrivée devant le fossé de la place. Cependant le feu de la citadelle ne permit pas d'achever ce travail.

La situation devint critique; mais les nageurs, aidés des vingt soldats qui les avaient suivis traînèrent par dessus le chemin couvert jusque dans le fossé de la citadelle quelques batelets ainsi que des barques trouvées sur place. Une partie des assaillants s'en servit pour passer le fossé, le reste traversa à la nage. Entretemps d'autres soldats, accourus par la chaussée, faisaient feu sur tous les Espagnols qui se montraient sur les parapets de la citadelle.

Dès que les nageurs arrivèrent sur la rive opposée du fossé, ils coupèrent les palissades et, malgré la résistance de l'ennemi, s'établirent au pied du talus extérieur. Les Espagnols épouvantés de la soudaineté de l'attaque, et se croyant assaillis de tous côtés par des forces supérieures, abandonnèrent la citadelle et se réunirent sur l'esplanade.

Les Français ayant pointé les canons de la citadelle contre la ville, les Espagnols se retirèrent alors dans la grande église de Léau. Peu d'instants après, le gouverneur, don Hernandez, se rendit ainsi que toute la garnison, sans que ce coup de main hardi eût coûté plus de 20 hommes aux assaillants.

Après la prise d'Ypres, Louis XIV retourna en France, laissant le commandement au duc de Luxembourg, qui se dirigea sur Mons. La paix venait d'être signée à Nimègue, le 10 août à minuit, lorsque, le 14, dans l'après-midi, le prince d'Orange attaqua vivement les Français à l'abbaye de Saint-Denis et à la ferme de Casteau, non loin de Mons. L'infanterie hollandaise demeura maîtresse du terrain après avoir tué beaucoup de monde à l'ennemi.

On a reproché au prince d'Orange cette attaque faite après la signature du traité de paix, mais, dans l'état des communications à cette époque, il n'était guère possible que la nouvelle du traité pût parvenir de Nimègue à Mons en trois jours.

La paix de Nimègue eut pour effet de faire restituer par les Français Maestricht à la Hollande. Ils rendirent à l'Espagne, Charleroi, Binche, Ath, Audenarde et Courtrai, qui leur avaient été cédés, à la paix d'Aix-la-Chapelle. Les Espagnols abandonnèrent à la France, outre la Franche-Comté, les places de Valenciennes, Bouchain, Condé, Cambrai, Cateau-Cambresis, Aire, Saint-Omer, Ypres, Wervick, Warneton, Poperinghe, Bailleul, Cassel, Bavai, Maubeuge.

En 1679 seulement l'empire fit la paix. Freibourg échut à la France et Philipsbourg à l'empire. Le duc de Lorraine ne recouvra point ses États que la France conserva.

Les Français, pour s'assurer leurs nouvelles conquêtes de Flandre, construisirent une ligne de retranchements depuis Dunkerque (qu'ils avaient acheté à Charles II) jusqu'à Furnes ; de Furnes à la jonction de l'Yzer et du canal de Dixmude (endroit où ils établirent le fort de Knocke) et de là jusqu'à la Lys, à Commines. Plusieurs places fortes de la Flandre française furent complétées.

III.

Prise de Strasbourg. — Siége de Luxembourg. — Trève de Ratisbonne. — Renseignements historiques. — Ligue d'Augsbourg. — Affaire de Walcourt. — Bataille de Fleurus.

L'ambition de Louis XIV ne fut point contenue par la paix de Nimègue. Il projeta d'abord d'acquérir Strasbourg, ville grande et riche, possédant un vaste arsenal, et d'une extrême importance stratégique à cause de son pont sur le Rhin. L'or et l'intrigue gagnèrent les magistrats de cette ville libre qui fut livrée aux Français (1681). Vauban en fit aussitôt la barrière la plus forte de la France.

Les agressions de Louis dans les Pays-Bas, engagèrent le roi d'Espagne à lui déclarer la guerre en 1683.

Les Français, sous les ordres du maréchal d'Humières, prirent Courtrai et Dixmude, tandis que le maréchal de Créqui, alla assiéger la ville de Luxembourg. Louis XIV, avec le maréchal de Schomberg, se tint à la tête de l'armée d'observation. La place fut bien défendue par le prince de Croy. La nature pierreuse du sol rendait les travaux d'approche très-difficiles. Vauban en personne dirigea les attaques. La résistance dura près d'un mois.

Après la prise de Luxembourg, Créqui se porta vers Trèves et obligea l'électeur de cette ville à démanteler la place.

Les conquêtes de Louis XIV s'étendant de tous côtés, alarmèrent l'Europe qui était lasse de guerre, et les puissances, d'un commun accord, arrêtèrent à Ratisbonne une trève de vingt ans (1684). Courtrai et Dixmude retournèrent à l'Espagne, mais les Français se maintinrent dans les deux places si importantes de Luxembourg et de Strasbourg.

Quelques renseignements historiques sont indispensables pour bien faire comprendre les événements qui vont suivre.

Nous avons vu précédemment la restauration des Stuart par Monck, l'avénement de Charles II, en 1660, ainsi que le discrédit de ce prince, causé par son ineptie et ses mœurs légères. Charles II fut contraint par le parlement de cesser les hostilités avec la Hollande et de sanctionner des lois de répression contre les catholiques.

Ce fut au milieu des passions politiques et religieuses du règne de ce souverain que parurent pour la première fois les Whigs et les Tories, noms qui servirent d'abord à désigner les membres de l'opposition et les partisans du gouvernement et dans la suite le parti libéral et le parti conservateur. Le parlement voulut déclarer le duc d'York, frère du roi, indigne, comme catholique, de succéder à la couronne d'Angleterre. Charles II fit dissoudre cette assemblée. Il mourut en 1685.

Le duc d'York lui succéda sous le nom de Jacques II; le duc de Monmouth, fils naturel du feu roi, voulut détrôner Jacques II, les armes à la main, mais il fut vaincu à la bataille de Sedgemore et décapité. Les troubles n'en continuèrent pas moins, le roi Jacques s'étant rendu tout à fait impopulaire en froissant l'opinion publique par ses mesures favorables aux catholiques.

Le prince d'Orange, gendre de Jacques, et chef du parti protestant, fut invité par les mécontents à se rendre en Angleterre. Aussitôt un soulèvement eut lieu et le roi dut s'enfuir en France. Le parlement déclara qu'il avait abdiqué et couronna Guillaume, prince d'Orange, époux de la princesse Marie d'Angleterre (1688).

Le nouveau souverain dut signer une déclaration des droits, espèce de charte nationale, qui dotait l'Angleterre du régime dit depuis constitutionnel ou parlementaire : le roi gouverne avec des ministres responsables, dont les actes sont contrôlés par le parlement.

Le pouvoir royal fut ainsi restreint, ce qui contraria souvent les projets de guerre de Guillaume III. Aussi avait-il coutume de dire qu'il était « stadhouder d'Angleterre et roi de Hollande. »

Plus tard Louis XIV tenta de remettre Jacques II sur le trône, en profitant d'une révolte des Irlandais contre Guillaume III. Jacques fut accueilli avec quelque enthousiasme en Irlande. L'amiral français Tourville battit les flottes alliées d'Angleterre et de Hollande dans un sanglant combat près de l'île de Wight. Cette victoire ne suffit pas pour maintenir le roi détrôné, dont les troupes furent totalement défaites à Slane, sur les bords de la Boyne, par Guillaume III, qui avait débarqué en Irlande. Jacques II s'empressa de retourner en France (1690).

Un autre événement remarquable de cette époque fut la révocation de l'édit de Nantes par Louis XIV (1685). Cette mesure, la plus impolitique du règne de ce monarque, détermina un grand nombre de Français à émigrer, et hâta la révolution d'Angleterre qui précipita Jacques II du trône.

En 1686, se forma la fameuse ligue d'Augsbourg, dans le but d'arrêter les envahissements toujours croissants de la France. Par cette ligue l'empire, l'Espagne, la Suède, la Bavière, la Saxe et les États du Haut-Rhin se garantissaient, en cas d'attaque, un mutuel appui.

Louis rompit, dès 1688, la trève de Ratisbonne, alléguant les sentiments hostiles de l'Allemagne, manifestés par la ligue d'Augsbourg.

Philippe d'Orléans, frère du roi, à la mort de sa femme, Henriette d'Angleterre, avait épousé Élisabeth-Charlotte, sœur de l'électeur palatin. Ce dernier étant mort sans postérité, Louis XIV revendiqua pour sa belle-sœur la succession de l'électeur. Cette prétention fut repoussée par le corps germanique, et le roi trouva dans ce refus un nouveau prétexte de guerre.

Notons en passant qu'en 1688 mourut l'électeur de Brandebourg, Frédéric-Guillaume, auquel succéda son fils Frédéric I.

Les Français mirent sur pied une armée de 80,000 hommes, sous le commandement du dauphin, fils unique de Louis XIV, auquel fut adjoint le maréchal de Duras.

Le dauphin Louis, âgé alors de vingt-sept ans, avait épousé Marie-Anne de Bavière, dont il eut trois fils, savoir : Louis, duc de Bourgogne (père de Louis XV), que nous verrons plus tard commander les armées de France ; Philippe, duc d'Anjou, qui devint roi d'Espagne ; et Charles, duc de Berry.

L'armée du dauphin débuta par la prise de Philipsbourg, dont le siége fut remarquable parce que pour la première fois on y employa le tir à ricochet. Les Français prirent ensuite Manheim et Frankenthal. Le maréchal de Boufflers occupa presque toutes les places des électorats de Trèves, de Mayence et de Cologne, mais il ne parvint pas à se rendre maître de Coblentz.

A la fin de l'année 1688, Louis déclara la guerre à la Hollande, mais l'Angleterre devenue, par le mariage du prince d'Orange, l'intime alliée des Provinces-Unies, déclara de son côté la guerre à la France, en prétextant les tentatives de restauration faites par Jacques II avec l'appui de Louis XIV.

Le roi d'Angleterre envoya un corps de troupes en Hollande, sous les ordres de Marlborough, pour remplacer les troupes hollandaises qu'il devait encore conserver en Angleterre.

Les coalisés formèrent trois armées : d'abord une armée sur la Sambre, commandée par le prince de Waldeck. Elle était composée de Hollandais, d'Espagnols et d'Anglais, et devait attaquer la France par le nord. Une deuxième armée, formée par les troupes prussiennes et par celles des cercles du nord de l'Allemagne, devait opérer dans le Bas-Rhin, en se portant sur Bonn et Cologne. La troisième armée, commandée par le duc de Lorraine et composée des Impériaux et des contingents de l'ouest de l'Allemagne, était destinée à agir dans le Haut-Rhin.

Ainsi menacés de toutes parts, les Français durent se concentrer. Ils abandonnèrent le Palatinat et Trèves. Mais avant leur départ, ils saccagèrent d'une façon épouvantable le pays, afin d'empêcher l'ennemi de s'y procurer des subsistances.

Le maréchal d'Humières fut opposé au corps de Waldeck, sur la Sambre. Il eut un engagement avec l'ennemi, le 27 août 1689, à Walcourt. Un détachement de 1,500 hommes envoyés en fourrageurs, ayant été coupé de l'armée alliée par les troupes du maréchal, s'était jeté dans cette petite ville entourée d'une muraille. Le maréchal d'Humières voulant poursuivre ce succès, fit donner imprudemment l'assaut; mais le prince de Waldeck accourut au secours de son détachement et attaquant les Français avec vigueur, les obligea de lâcher prise, en leur faisant éprouver des pertes considérables.

L'électeur de Brandebourg prit Bonn et le duc de Lorraine, Charles V, s'empara de Mayence. Ce dernier mourut peu après.

L'échec de Walcourt causa la disgrâce du maréchal d'Humières. Il fut remplacé par le maréchal de Luxembourg. Henri-François de Montmorency, duc de Luxembourg, âgé alors de soixante-trois ans, était un digne élève de Condé et de Turenne.

Le prince de Waldeck attendait du secours dans les environs de Fleurus, lorsque le duc de Luxembourg, renforcé d'une partie de l'armée de la Moselle, passa la Sambre entre Charleroi et Namur et marcha contre les alliés.

Le prince de Waldeck rangea son armée, la droite à Wangenies, la gauche vers Wagnelée et à hauteur de Saint-Amand, formant une ligne légèrement convexe du côté de Fleurus. Il fit occuper Saint-Amand par cinq bataillons et couvrit d'artillerie le front de sa première ligne. L'ensemble de ses forces s'élevait à 37,800 hommes (38 bataillons, 38 escadrons, 50 bouches à feu).

Le 1 juillet 1690, l'armée française, forte de 39,500 hommes (37 bataillons, 80 escadrons, 70 bouches à feu), traversa les villages de Lambusart et de Fleurus, laissés inoccupés par l'ennemi, et vint prendre position sur les hauteurs qui s'inclinent vers le ruisseau de Ligny.

Le duc de Luxembourg, reconnaissant la difficulté d'aborder l'ennemi de face, prit le parti de le tourner par la gauche.

L'action commença de part et d'autre par un feu violent d'artillerie.

Un corps français de 9 bataillons et de 31 bouches à feu fut dirigé par Ligny sur le village de Saint-Amand, pour y tenter une attaque. Ses batteries y canonnèrent avec succès la cavalerie alliée. Le duc, avec un autre corps de 41 escadrons, 5 bataillons et 9 canons, dérobant sa marche à la faveur de hauts blés, commença alors son mouvement tournant; à cet effet il se porta par Ligny jusqu'à la chaussée de Bruxelles, suivit une ancienne voie romaine qui coupe la chaussée non loin de Brye, et alla se déployer entre Wagnelée et Chesseau, pour prendre l'ennemi à dos.

L'attaque sur Saint-Amand réussit et Wagnelée, où les alliés n'avaient pas pris position, fut occupé par les Français. D'autre part, l'extrême gauche française pénétra dans Wangenies, mais le reste de cette aile fut refoulé. Ce revers partiel n'eut pourtant aucun résultat fâcheux pour les Français. Le prince de Waldeck s'étant aperçu seulement alors du mouvement tournant exécuté par l'ennemi, chercha à parer au danger, en tirant des troupes de sa réserve et de sa seconde ligne; il plaça ces forces perpendiculairement à son extrême gauche. Cette dernière manœuvre eut pour effet d'affaiblir considérablement le centre des alliés, qui plia sous les efforts des Français. Après un sanglant combat, le centre des Français finit par opérer sa jonction avec le duc de Luxembourg. Le prince de Waldeck culbuté de face, accablé sur sa gauche, chercha alors à se reformer sur les hauteurs de Saint-Fiacre. Mais l'artillerie française vint y canonner ses carrés qui, harcelés ensuite par la cavalerie, finirent par être brisés. L'armée du prince se retira en désordre sur Charleroi.

Les alliés perdirent 5 à 6,000 hommes tués ou blessés et autant de prisonniers. Les Français eurent 4 à 5,000 hommes hors de combat.

Les causes de la défaite des alliés sont dues, d'après Kausler :

1° à l'appréciation exacte du terrain faite par le duc de Luxembourg ;

2° au manque de précautions du côté du prince de Waldeck qui ne se fit pas suffisamment éclairer ;

3° au défaut de résolution chez les alliés qui restèrent sur la défensive ;

4° à leur négligence à occuper les villages sur le front et sur les flancs ;

5° enfin à la supériorité en nombre et en qualité de la cavalerie française.

Les Français ne tirèrent pas grand parti de cette victoire. Le prince de Waldeck, ayant enfin reçu ses renforts, l'armée de Louis XIV, dans les Pays-Bas, dut rester sur la défensive.

IV

Le prince Eugène. — Catinat. — Les Barbets. — Affaire de Staffarde. — Siéges de Mons et de Namur par les Français. — Bataille de Steenkerque. — Combat naval de la Hogue. — Bataille de Neerwinden.

Tandis que Luxembourg portait des coups décisifs sur la Sambre, l'armée française en Allemagne se bornait à de simples mouvements. Commandée par le dauphin, auquel était

Bataille de Fleurus

Légende

- Cavalerie française
- Infanterie id
- Cavalerie alliée
- Infanterie id

Chasseau
S.ᵗᵉ Fiacre
Wagnelée
Wangenies
S.ᵗ Amand le hameau
S.ᵗ Amand la haye
S.ᵗ Amand
Brye
Ruisseau de Ligny
Ligny
Fleurus
Chaussée Romaine
Route de Bruxelles à Namur

Echelle de 16 millimètres pour 1000 pas

1000   2000   3000 pas

Launbusart

alors adjoint le comte de Lorges, elle faisait face à l'électeur de Brandebourg, qui avait repris le commandement du duc de Lorraine. Les deux armées en présence ne se signalèrent par aucun fait d'armes remarquable. Les généraux allemands s'opposèrent simplement à l'entrée des Français dans le Wurtemberg.

Le duc de Savoie, Victor-Amédée, avait hésité pendant quelque temps à entrer dans la ligue d'Augsbourg. Le prince Eugène fut députe auprès de lui pour l'engager à se joindre aux ennemis de Louis XIV et réussit dans cette négociation.

Le prince Eugène-François de Savoie, arrière-petit-fils du duc de Savoie Charles-Emmanuel, était fils du comte de Soissons et d'Olympe Mancini, nièce de Mazarin. D'une complexion délicate, on l'appelait dans sa jeunesse le petit abbé (1). Français de naissance, il avait offert ses services à Louis XIV, qui lui refusa un régiment, le jugeant incapable d'un tel commandement. Le prince humilié en conçut une haine implacable contre la France et, pour satisfaire son ressentiment, il mit son épée au service de l'empereur. A vingt-cinq ans, il avait fait toutes les campagnes de l'empire. C'est à ce moment que nous le voyons paraître sur la scène, comme général de l'armée impériale, au service de la Savoie.

Le général français Nicolas Catinat fut chargé d'envahir la Savoie, à la tête de 20,000 hommes. Catinat, qui avait quitté la robe pour l'épée, était un soldat de fortune, parvenu par sa patience et son courage aux plus hauts grades militaires.

Un détachement de l'armée de Catinat, commandé par le

(1) Il était destiné à la prêtrise.

marquis de Feuquières, alla faire une guerre acharnée dans les montagnes du pays de Vaud, où s'étaient retirés de nombreux calvinistes hostiles à la France. Cette expédition est connue sous le nom de *guerre des Barbets,* en raison des longues barbes que portaient les montagnards vaudois.

Catinat marcha hardiment vers le Pô et livra bataille au duc de Savoie, le 18 août 1690, à l'abbaye de Staffarde, en Piémont. Les dispositions de l'armée du duc étaient mauvaises ; ses ailes non appuyées furent aisément tournées et la déroute s'en suivit. Le duc perdit 3,000 hommes, les Français beaucoup moins.

L'occupation de la Savoie et d'une partie du Piémont devait être la conséquence de cette affaire, mais le prince Eugène et le duc de Bavière, passés en Italie avec des renforts, harcelèrent tant et si bien les Français que ceux-ci furent obligés de repasser les Alpes.

En 1691, Louis XIV, aidé du duc de Luxembourg, résolut de s'emparer de Mons. L'attaque des Français partit des hauteurs de Berlaimont. La garnison ne put se servir des inondations, au moyen de la Haine et de la Trouille, pour empêcher l'approche des Français, ceux-ci se trouvant d'une part maîtres de Saint-Ghislain sur la Haine, et de l'autre ayant détourné le cours de la Trouille. Le prince de Bergues défendit bravement la place et en sortit avec les honneurs de la guerre. La garnison alla rejoindre l'armée alliée.

Après ce succès, Louis XIV retourna à Paris, laissant le commandement au duc de Luxembourg.

Pendant le siége, le roi Guillaume était revenu sur le continent pour prendre le commandement de l'armée alliée en Belgique. Il s'était porté sur Hal, dans le but de secourir Mons ; l'infériorité numérique de ses troupes l'empêcha d'abord d'aller plus avant. Son armée ayant été renforcée, il put continuer sa marche; mais aucune occasion ne se présenta pour attaquer avec avantage. Au mois de septembre, il retourna en Angleterre, après avoir remis le commandement au prince de Waldeck. Celui-ci se dirigeait de Leuze vers la Dendre, lorsque, le 18 septembre 1691, le maréchal de Luxembourg fit attaquer un détachement de cavalerie de son arrière-garde qui perdit 1,500 hommes, tandis que les Français n'en laissèrent que 400 sur le terrain.

En 1692, le roi d'Espagne nomma l'électeur de Bavière, Maximilien-Emmanuel, gouverneur-général des Pays-Bas espagnols.

La même année, 120,000 Français entrèrent en ligne contre les alliés. Ces forces furent divisées en deux corps, dont l'un, sous Louis XIV aidé du maréchal de Boufflers, assiégea Namur. L'autre, sous de Luxembourg, se tint en observation sur la Méhaigne.

Le roi Guillaume, avec 97,000 hommes, se rapprocha de cette rivière, mais il ne jugea pas convenable d'attaquer.

Le siège de Namur offrit surtout ceci de remarquable que les deux plus célèbres ingénieurs militaires, dont l'histoire fasse mention, s'y trouvèrent en présence : le baron de Coëhorn, de l'armée hollandaise, qui dirigeait les travaux de la défense, et Vauban, qui conduisait les attaques.

Les Français s'établirent sur les hauteurs qui dominent la ville, entre la Sambre et la Meuse, et dirigèrent en même temps, du côté nord, une attaque contre l'enceinte, par la vallée du fleuve. Des batteries établies sur la rive droite agissaient à revers contre les fronts assiégés.

L'enceinte, ainsi battue en brèche de trois côtés à la fois, fut bientôt enlevée. Les Français, attaquant ensuite la citadelle, enlevèrent d'assaut son premier retranchement avancé. Un fort détaché en avant de la citadelle (le fort Guillaume construit par Coëhorn) fut entouré d'une tranchée, de manière à lui enlever toute communication avec la place, et dut se rendre. Le restant des fortifications de ce côté tomba bientôt au pouvoir des assiégeants (30 juin 1692).

Le roi retourna à Paris, après la reddition, laissant le commandement au duc de Luxembourg.

Le roi Guillaume partit des environs de la Méhaigne, se porta sur Hal et alla camper du côté de Tubize, sa gauche vers ce village, sa droite à Sainte-Renelle. Le duc de Luxembourg prit position près de Steenkerque, entre Braine-le-Comte et Enghien.

Le roi Guillaume avait découvert qu'un secrétaire de l'électeur de Bavière faisait l'espion dans l'armée des alliés, aux gages du duc de Luxembourg. Il ordonna, sous menace de mort, à cet individu d'écrire au maréchal de France que l'armée hollandaise enverrait le jour suivant (3 août 1692), un gros détachement aux fourrages et soutiendrait les fourrageurs par un corps d'infanterie.

Le lendemain, en effet, les avant-postes français signalèrent l'approche de colonnes ennemies. Le duc de Luxembourg, qui était indisposé, se préoccupa d'abord médiocrement de cette nouvelle. Il se fiait aux renseignements donnés par son espion.

Vers deux heures après midi, le roi Guillaume, avant d'avoir achevé toutes ses dispositions, ordonna à sa gauche, composée d'infanterie hollandaise, danoise et anglaise, sous les ordres du duc de Wurtemberg, d'attaquer la droite des Français.

L'attaque se fit avec impétuosité. Les Français, qui avaient pris rapidement les armes, eurent leur droite presqu'entièrement culbutée; si leur gauche et leur centre eussent été attaqués en même temps, la journée était perdue pour eux. Mais le terrain, hérissé d'obstacles tels que marais, broussailles, haies et filets d'eau, empêcha les autres colonnes des alliés de soutenir le duc de Wurtemberg et de communiquer entre elles. En outre, la cavalerie alliée alla par mégarde s'embarrasser dans les broussailles et se mêler avec l'infanterie dont elle paralysa l'action.

Ces circonstances permirent aux Français de dégarnir sans danger leur gauche et leur centre pour soutenir leur droite.

La Maison du roi, en tête de laquelle se trouvaient tous les princes français, avait soutenu le premier choc avec un courage héroïque. Son exemple fut suivi par les autres troupes et les alliés furent repoussés à un quart de lieue.

Le comte de Solmes, commandant la réserve et à qui le roi Guillaume avait expédié l'ordre d'avancer avec l'infanterie, n'envoya que sa cavalerie, inutile dans un pays aussi accidenté.

Le marquis de Boufflers, campé à trois lieues de là, accourut au bruit du canon et décida la victoire en faveur des Français.

A la nuit tombante, le roi Guillaume se retira sans être poursuivi.

7,000 hommes restèrent sur le terrain. Les pertes paraissent avoir été égales de chaque côté.

La victoire des Français peut être attribuée à la valeur déployée par les gentilshommes de la Maison du roi. Aussi acquirent-ils depuis lors un renom de bravoure sans pareil (1).

(1) La victoire, due à la valeur de tous ces jeunes princes et de la

La bataille de Steenkerque est la dernière où l'on vit des corps d'infanterie armés de la pique. Depuis lors on fit usage du fusil muni de la baïonnette ; cette dernière venait d'être inventée à Bayonne.

Le roi Guillaume alla camper à Grammont ; l'armée française s'établit entre Leuze, Tournai et Condé.

Le duc de Luxembourg partit pour Paris, laissant le commandement au marquis de Boufflers.

Cette même année (1692), une tentative de restauration de Jacques II sur le trône d'Angleterre amena une terrible bataille navale entre les flottes anglaise et française, commandées respectivement par lord Russell et l'amiral Tourville.

Le roi Jacques, ancien chef de la marine d'Angleterre, avait des intelligences, avec les commandants des navires anglais. Comptant sur la défection de ces officiers, il proposa un débarquement sur les côtes de la Grande-Bretagne.

On prétend que le roi Guillaume, ayant connu le complot, fit changer au dernier moment tous les capitaines de vaisseau de l'escadre.

plus florissante noblesse du royaume, fit à la cour, à Paris et dans les provinces, un effet qu'aucune bataille gagnée n'avait fait alors.

M. le Duc, le prince de Conti, MM. de Vendôme et leurs amis trouvaient, en s'en retournant, les chemins bordés de peuple ; les acclamations et la joie allaient jusqu'à la démence : toutes les femmes s'empressaient d'attirer leurs regards. Les hommes portaient alors des cravates de dentelle qu'on arrangeait avec assez de peine et de temps. Les princes, s'étant habillés avec précipitation pour le combat, avaient passé négligemment ces cravates autour du cou. Les femmes portèrent des ornements faits sur ce modèle ; on les appela des steenkerques. Toutes les bijouteries nouvelles étaient à la steenkerque. Un jeune homme qui s'était trouvé à cette bataille était regardé avec empressement. Le peuple s'attroupait partout autour des princes ; on les aimait d'autant plus que leur faveur à la cour n'était pas égale à leur gloire. (Voltaire).

Quoiqu'il en ait été, le 29 mai, les deux flottes se rencontrèrent. Les vaisseaux français, en nombre inférieur et très-maltraités pendant l'affaire, durent se réfugier dans divers ports de la côte de France. Les navires qui se retirèrent dans les ports sans défense de Cherbourg et de la Hogue furent brûlés.

En janvier 1693, le maréchal de Boufflers s'empara de Furnes.

L'armée française fut divisée en deux corps d'armée; l'un, sous Louis XIV assisté du dauphin et du marquis de Boufflers, l'autre sous les ordres du duc de Luxembourg.

Ces corps d'armée campèrent près de Mons, tandis que le roi Guillaume prenait une excellente position près de Louvain.

120,000 hommes se trouvaient du côté des Français, 50,000 seulement de l'autre. Cette énorme différence permettait d'attaquer le roi Guillaume avec grande chance de succès. Pourtant Louis XIV partit pour Versailles, envoyant le dauphin avec un corps d'armée en Allemagne et laissant le commandement du reste au duc de Luxembourg.

Ce dernier se rapprocha des alliés qui avaient pris position à Meldert, à peu de distance de Tirlemont. Luxembourg jugea le roi Guillaume trop avantageusement placé pour l'attaquer avec succès. Il marcha vers la Meuse comme s'il allait assiéger Liége et envoya même Villeroi investir Huy. Cette tactique, qui réussit, avait pour but de forcer le roi Guillaume à quitter sa position et à s'affaiblir par l'envoi de renforts à Liége. L'armée alliée passa les deux Gètes et s'établit à Neerwinden, tandis que Luxembourg était campé à Vinalmont sur la Méhaigne, à sept lieues de distance.

L'armée française se mit en marche vers Neerwinden. La cavalerie arriva, le 28 juillet au soir, près de ce village. Comme il était trop tard pour rien entreprendre ce jour, on bivaqua. Le duc de Luxembourg était en force très-supérieure ; il avait 89 bataillons, 195 escadrons ; les alliés 58 bataillons, 117 escadrons. Aussi le maréchal de France craignait-il que le roi Guillaume ne profitât de la nuit pour passer la Gète, sur laquelle il avait plusieurs ponts, et n'évitât la bataille. Mais les alliés travaillèrent toute la nuit pour fortifier leur position. Des retranchements furent élevés entre Neerwinden et Neerlanden, depuis le premier de ces villages jusqu'au ruisseau de Landen. En arrière de Rumsdorp, on éleva une barricade de chariots. Les parapets furent garnis de 90 bouches à feu et les villages de Laer, Neerwinden, Rumsdorp et Neerlanden fortement barricadés.

De Neerwinden à la petite Gète, le front se trouvait couvert par une haie épaisse et un ruisseau.

La bataille commença le 29 juillet 1693, à huit heures du matin, par une canonnade sur toute la ligne.

Les alliés étaient placés de la manière suivante :

L'artillerie dans les retranchements et à l'aile droite. Cette aile était composée de troupes bavaroises sur trois lignes, aux ordres de l'électeur Maximilien. Elle était appuyée à la Gète, ayant en front les villages de Laer et de Neerwinden, occupés par l'infanterie hanovrienne, brandebourgeoise et anglaise. Au centre l'infanterie anglaise immédiatement derrière les retranchements entre Neerwinden et Neerlanden ; plus en arrière, dans la plaine, une partie de la cavalerie anglaise, formée sur deux lignes. Enfin à l'aile gauche le reste de la cavalerie anglaise également sur deux lignes, une fraction en potence faute d'espace ; les villages de Rumsdorp et Neerlanden, occupés par de l'infanterie et des dragons anglais.

La gauche française était vis-à-vis de Laer et Neerwinden, le front garni d'artillerie. D'abord 32 bataillons, 4 escadrons, 3 batteries, sous les ordres du général Rubantel, puis 51 escadrons commandés par le duc de Joyeuse.

Le centre entre Racour et Landen était couvert d'artillerie et comprenait huit lignes : en première la Maison du roi, 17 escadrons (duc de Chartres) ; — en deuxième les Suisses et gardes françaises, 11 bataillons ; — en troisième la cavalerie de Villeroi, 20 escadrons ; — en quatrième, 21 bataillons d'infanterie. Les quatre dernières lignes étaient formées de 87 escadrons.

L'aile droite comprenait 25 bataillons avec artillerie en front, sous le prince de Conti, devant Rumsdorp, et 16 escadrons du général de Caylus, près d'Attenhoven.

Le plan du duc de Luxembourg était de faire une fausse attaque sur la gauche de l'ennemi et de diriger l'attaque principale sur les villages de Laer et de Neerwinden.

A neuf heures du matin, presque toutes les forces étaient engagées. L'infanterie française reçut l'ordre de se porter à la baïonnette sur les villages de Laer et de Neerwinden. Rumsdorp et Neerlanden furent occupés, bien que le duc de Luxembourg n'eût pas ordonné de s'emparer de ces dernières positions, mais simplement d'y contenir l'ennemi.

Deux fois l'infanterie française avait pénétré dans Neerwinden et Laer; deux fois elle en fut repoussée, tandis que la droite française échouait à l'attaque d'un ouvrage en face de Neerlanden et devait abandonner avec grande perte les villages de Rumsdorp et de Neerlanden. Pour rétablir l'ordre, le duc de Luxembourg dut se porter personnellement de ce dernier côté. Il ordonna ensuite une vigoureuse attaque de la garde et de la Maison du roi sur Neerwinden, et d'autres troupes du centre sur la partie retranchée au moyen de chariots. En même temps le duc d'Harcourt, qui se trouvait à six lieues de distance avec un corps détaché, arriva sur le champ de bataille et se dirigea vers la droite des alliés, comme s'il voulait tourner leur position. L'infanterie alliée dut être retirée en partie des retranchements pour secourir la droite fortement menacée. Quelques bataillons et 27 escadrons français pénétrèrent dans les retranchements, tandis que Laer et Neerwinden étaient enlevés définitivement à la baïonnette. La cavalerie française de l'aile gauche et du centre s'avança alors vers la plaine occupée par les alliés, chargea les escadrons de ceux-ci, qui, au lieu de couvrir la retraite de l'infanterie, tournèrent le dos sans se servir du sabre, mirent le désordre dans leurs propres troupes, et donnèrent le signal d'une fuite précipitée de l'autre côté de la Gète (1).

(1) Guillaume renversa d'abord les escadrons qui se présentèrent contre lui, mais enfin il fut renversé lui-même sous son cheval tué. Il se releva et continua le combat avec les efforts les plus obstinés.

Luxembourg entra deux fois, l'épée à la main, dans le village de Neerwinden. Le duc de Villeroi fut le premier qui sauta dans les retranchements des ennemis; deux fois le village fut emporté et repris.

Ce fut à Neerwinden que Philippe, duc de Chartres (neveu de Louis XIV et régent sous Louis XV), se montra digne petit-fils de Henri IV. Il chargeait pour la troisième fois, à la tête d'un escadron; cette troupe étant repoussée, il se trouva dans un terrain creux, environné de tous côtés d'hommes et de chevaux tués ou blessés. Un escadron ennemi s'avance à lui, lui crie de se rendre : on le saisit; il se défend seul, il blesse l'officier qui le retenait prisonnier; il s'en débarrasse. On revole à lui dans le moment, et on le dégage. Le prince de Condé, le prince de Conti son émule, qui s'étaient tant distingués à Steenkerque, combattaient de même à Neerwinden pour leur vie, comme pour leur gloire, et furent obligés de tuer des ennemis de leur main.

Le maréchal de Luxembourg se signala et s'exposa plus que jamais. Son fils, le duc de Montmorenci, se mit au-devant de lui, lorsqu'on le tirait, et reçut le coup porté à son père. Enfin le général et les princes prirent le village une troisième fois, et la bataille fut gagnée.

Peu de journées furent plus meurtrières. Il y eut environ vingt mille

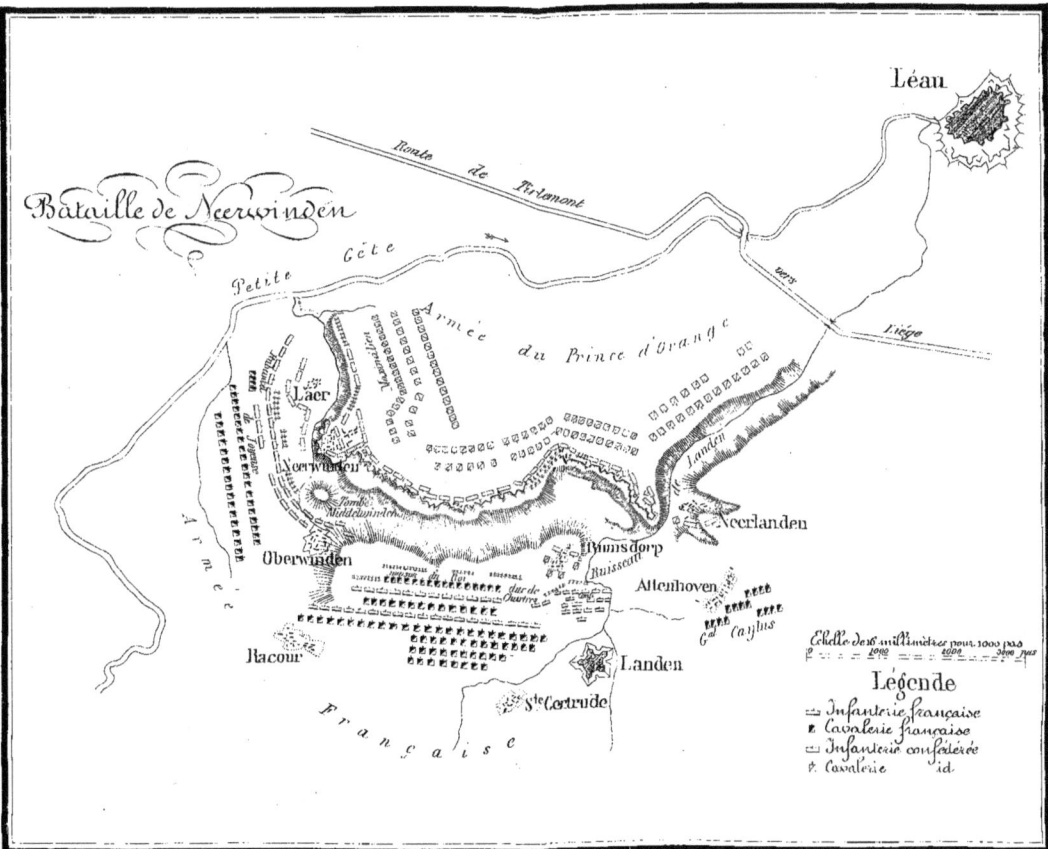

Bataille de Neerwinden

Léau

Route de Tirlemont

Petite Côte

Armée du Prince d'Orange

Liège

Laer

Neerwinden

Tombe

Middelwinden

Oberwinden

Rhumsdorp

Ruisseau

Gué de Ouerive

Neerlanden

Attenhoven

Gal Caylus

Armée

Racour

Française

Landen

Ste Gertrude

Echelle de 16 millimètres pour 1000 pas
1000   2000   3000 pas

Légende
Infanterie française
Cavalerie française
Infanterie confédérée
Cavalerie   id.

On s'était battu par un ardent soleil de juillet jusqu'à quatre ou cinq heures après midi. A cette heure, toutes les positions des alliés étaient forcées.

Cette victoire fut une des plus complètes des Français en
Belgique. Les alliés perdirent 18,000 hommes, toute leur
artillerie, un grand nombre de drapeaux et laissèrent
1,500 prisonniers aux mains du vainqueur. Les Français
eurent 8,000 hommes tués ou blessés.

Les trophées conquis par cette victoire furent transportés
à Paris. La cathédrale en fut remplie; aussi le prince de Conti
put-il appeler le maréchal de Luxembourg : « le tapissier de
Notre-Dame. »

Les causes de la défaite des alliés sont attribuées, d'après
Kausler :

1° au mauvais choix du champ de bataille, qui ne présente
aucun enfoncement et qui offre à dos une rivière maréca-
geuse ;

2° à la supériorité numérique de l'infanterie française ;

3° à l'inaction de la cavalerie alliée durant l'affaire et à sa
fuite désordonnée à la fin de la bataille.

Les Français, après leur victoire, ne poursuivirent pas les
alliés. Ils se rabattirent vers la Meuse pour tirer leurs subsistances de Liége, tandis que l'indomptable Guillaume alla
reconstituer une nouvelle armée aux environs de Bruxelles.

Au mois de septembre, le duc de Luxembourg se porta sur
Fleurus, pour couvrir les opérations du siége de Charleroi
par Villeroi. Ce siége, dont Vauban conduisit les travaux,
dura vingt-six jours ;.la place se rendit le 11 octobre 1693.

morts ; douze mille du côté des alliés, et huit de celui des Français.
C'est à cette occasion qu'on disait qu'il fallait chanter plus de *De
profundis* que de *Te Deum* (Voltaire).

V.

Bataille de la Marsaille.— *Le duc de Luxembourg.* — *Bombardement*
de Bruxelles. — *Prise de Namur par le roi Guillaume.* —
Paix de Ryswick.

Tandis que dans le nord se livrait la sanglante bataille de
Neerwinden, qu'en Allemagne l'armée française ravageait de
la façon la plus sauvage tout le pays de Heidelberg, en Espagne, le maréchal de Noailles gagnait une bataille sur les
bords du Ter, et faisait une guerre de montagne acharnée.

L'Italie aussi était le théâtre de grandes opérations militaires. Catinat, d'abord retranché au sommet des Alpes, en
attendant des renforts, descendit de ces montagnes et se
trouva face à face avec le duc de Savoie à la Marsaille (Piémont).

« C'était, dit Capefigue, par une belle gelée d'octobre (1693),
si magnifique dans les Alpes ; le maréchal Catinat ne laissa
pas aux alliés le temps de se reconnaître ; il fit attaquer la
gauche de l'ennemi par 20 bataillons en colonne serrée, la
baïonnette au bout du fusil. La gendarmerie de France, les
dragons attaquèrent en même temps la molle cavalerie de
Naples et du Milanais, qui fut mise en déroute. La seconde
ligne en réserve, composée de cavalerie allemande, de forts
cuirassiers, accourut pour la rallier ; elle fut elle-même en-
traînée : le champ de bataille demeura dans les mains des
Français. »

La campagne de 1694, dans les Pays-Bas, n'offrit rien de
bien remarquable. Elle fut commandée par le dauphin assisté
du duc de Luxembourg. L'armée se porta de Mons à Saint-

Trond, tandis que le roi Guillaume se trouvait près de Louvain. Les deux armées étaient à peu près de force égale. Les Français allèrent reprendre ensuite leur ancienne position à Vinalmont et s'y retranchèrent. Le roi Guillaume, de son côté, tenta alors de surprendre Courtrai ; il marcha lentement par Sombreffe, Nivelles, Soignies sur Espierres. Les Français gagnèrent de vitesse sur lui en allant de Namur à Mons, Condé, puis par la rive gauche de l'Escaut jusqu'à Tournai, d'où ils barrèrent le passage à l'ennemi avec leur tête de colonne près d'Espierres. Le dauphin fit élever des retranchements à Espierres et à Avelghem, afin d'empêcher le passage du fleuve.

Le roi Guillaume alla jusqu'à Audenarde, traversa l'Escaut, fit la contre-marche, et passant entre l'Escaut et la Lys, marcha sur Courtrai. Mais cette ville, défendue par des forces considérables, était de plus bien appuyée par les lignes entre la Lys et l'Yperlée. Une attaque contre elle eût été périlleuse. Le roi Guillaume y renonça et mit son armée en quartier d'hiver à Dixmude, Deynze et Roulers.

La ville de Huy prise et saccagée l'année précédente par Villeroi, fut reprise par un détachement de l'armée alliée.

En 1695, le commandement de l'armée de Belgique échut au maréchal de Villeroi, par suite de la mort du duc de Luxembourg.

Le caractère de ce dernier a été retracé par le maréchal de Berwick dans les termes suivants : « Il mourut universellement regretté des gens de guerre. Jamais homme n'eut plus de courage, de vivacité, de prudence, d'habileté ; jamais homme n'eut plus la confiance des troupes qui étaient à ses ordres ; mais l'inaction dans laquelle on l'avait vu rester, après plusieurs de ses victoires, l'a fait soupçonner de n'avoir point eu envie de finir la guerre, ne croyant pas pouvoir faire la même figure à la cour, qu'à la tête de cent mille hommes. Quand il était question d'ennemis, nul général plus brillant que lui ; mais, du moment que l'action était finie, il voulait s'occuper plus de ses plaisirs que des opérations de la campagne. Sa figure était aussi extraordinaire que son humeur et sa conversation étaient agréables. Sa grande familiarité lui avait attiré l'amitié des officiers ; et son indulgence à l'égard des maraudeurs l'avait fait adorer des soldats qui, de leur côté, se piquaient d'être toujours à leur devoir, quand il avait besoin de leurs bras. »

Malgré cet éloge, les dévastations que permit de Luxembourg à ses soldats, en Hollande, resteront comme une tache à sa mémoire.

Le maréchal de Villeroi envoya une partie de son armée, sous Boufflers, derrière les lignes de Commines qui furent complétées de Menin, Courtrai, Helchin, à Espierres. Cette immense ligne continue pouvait être considérée comme ayant pour redoutes les places fortes de Tournai, Courtrai, Menin, Ypres, Knocke, Furnes et Dunkerque.

Le roi Guillaume, qui avait concentré son armée à Audenarde, se dirigea sur Roulers, comme s'il voulait attaquer les lignes de Commines, mais son dessein réel était d'occuper Villeroi et de l'empêcher de jeter du renfort dans Namur que les alliés voulaient assiéger à leur tour. Guillaume en effet marcha sur Namur qu'il investit, tandis qu'une partie de ses troupes resta à Deynze, sous les ordres du prince de Vaudemont.

Boufflers quitta en hâte les lignes de Commines et parvint

à se jeter dans Namur, avant que les communications fussent interrompues.

Les Français résolurent d'attaquer le prince de Vaudemont. Ils lui enlevèrent un avant-poste de deux bataillons près de Deynze. Vaudemont put toutefois se retirer sur Gand sans être poursuivi. On ignore les motifs qui déterminèrent Villeroi à s'arrêter au milieu d'une opération qui promettait grand succès.

Villeroi s'empara de Deynze et de Dixmude, qui se rendirent sans résistance. Les commandants de ces places, ayant été traduits devant une cour martiale, furent le premier cassé, le second décapité.

Villeroi, dans le but de faire abandonner au roi Guillaume le siége de Namur, se porta sur Bruxelles, dont Louis XIV ordonna le bombardement en représailles de ceux de Dieppe, Saint-Malo, Calais, Dunkerque par les Anglais. Tandis que Villeroi prenait position sur les hauteurs du Scheut-Veld, hors de la porte de Ninove, le prince de Vaudemont venait camper avec 15,000 hommes à Dieghem, à une lieue et demie au nord de Bruxelles et occuper ensuite les hauteurs de cette ville, depuis Vleurgat jusqu'à la porte du rivage.

Le 13 août 1695, les Français mirent en batterie derrière la cense (ou ferme) de Ransfort, à Molenbeek-Saint-Jean, 18 pièces de gros calibre et 25 mortiers. Les Bruxellois envoyèrent des parlementaires au maréchal de France, mais leurs démarches n'aboutirent pas.

Le bombardement commença à sept heures du soir et dura fort avant dans la nuit. L'incendie allumé par les boulets rouges éclata bientôt sur divers points de la ville, où régna la plus épouvantable confusion. Le lendemain, de neuf heures du matin à quatre heures de l'après-midi, le bombardement reprit. L'incendie, poussé par un vent violent, se propagea de façon à ne faire qu'un brasier du centre de Bruxelles. 3,830 maisons furent brûlées, 460 fortement endommagées. Beaucoup de monuments disparurent dans ce sinistre, et, chose bien plus déplorable, un grand nombre d'habitants périrent (1). La garnison, manquant de munitions, n'avait pu riposter que faiblement. La bourgeoisie prit des pavés et tua bon nombre de Français qui s'étaient avancés trop près de la ville.

Après avoir accompli leur œuvre de destruction, les Français se retirèrent, le 15 août, avec la plus grande précipitation, par la chaussée de Namur, pour essayer de faire lever le siège de cette dernière ville. Villeroi avait alors 90,000 hommes de troupes. De son côté, Vaudemont, avec ses forces, rejoignit le roi Guillaume qui put continuer le siège, en opposant aux Français une armée d'observation sur l'Orneau (petit ruisseau passant à Gembloux). La position des alliés sur l'Orneau étant forte, Villéroi n'osa les y attaquer. Il resta à Gembloux jusqu'à la reddition de Namur, et prit alors ses cantonnements près de Mons.

Le roi Guillaume suivit, pour assiéger Namur, le plan d'opérations exécuté, en 1692, par les Français. Pendant l'occupation française, les fortifications de la ville avaient reçu un accroissement considérable.

L'enceinte fut prise d'abord, la citadelle ensuite (5 septembre 1695). Dans l'attaque de l'enceinte, on conduisit les approches contre le pont, à la porte de Saint-Nicolas.

(1) On peut lire les détails navrants de ce bombardement, dans l'*Histoire de la ville de Bruxelles*, par MM. Henne et Wauters.

En 1696, une nouvelle tentative infructueuse de restauration de Jacques II, en Irlande, obligea les troupes anglaises à retourner dans leurs pays. Le roi Guillaume fut retenu en Angleterre jusqu'au mois de mai.

Le général Coëhorn et lord Athlone, avec 30 bataillons, bloquèrent Dinant et Givet, brûlèrent les magasins de ces villes et revinrent, sans être inquiétés, à Namur d'où ils étaient partis.

Les Français ayant fait la paix en Italie avec le duc de Savoie, purent renforcer leur armée de Belgique (1697). Ils formèrent trois corps, respectivement sous Villeroi, Boufflers et Catinat. Les forces totales s'élevaient à 133 bataillons, 350 escadrons.

Catinat débuta par le siége d'Ath qui capitula le 5 juin.

Villeroi et Boufflers descendirent le long de la Dendre jusqu'à hauteur de Ninove, dans le dessein d'assiéger Bruxelles, mais le roi Guillaume s'étant placé entre eux et cette ville, les Français n'osèrent pas quitter les bords de la rivière.

Sur le Rhin, les deux partis en présence restèrent dans l'inaction. En Espagne, le maréchal de Noailles avait été remplacé par le duc de Vendôme qui n'eut du reste aucune occasion de se signaler.

Toutes les puissances étaient lasses de la guerre. Depuis quelque temps déjà les hostilités se poursuivaient avec une langueur qui faisait présager la paix. L'épuisement du reste était le même chez tous les belligérants. Un traité entre l'Angleterre, la France, la Hollande et l'Espagne fut signé le 20 septembre 1697, au château de Ryswick, près de La Haye ; l'empire y adhéra le 30 septembre suivant. Par ce traité l'Espagne resta en possession de la ville et de la province de Luxembourg, du comté de Chiny, de Charleroi, Mons, Ath et Courtrai. L'évêque de Liége eut en retour Dinant. Strasbourg fut conservé à la France. Le fort de Kehl, sur la rive allemande, resta à l'empire, auquel furent restitués Freibourg et Philipsbourg. Le duc de Lorraine, fils de Charles V, recouvra ses domaines.

VI.

Guerre de la succession d'Espagne. — Renseignements historiques. — Guillaume III. — Le prince Eugène dans le Milanais. — Surprise de Crémone. — Le duc de Vendôme. — Bataille de Luzzara.

Le traité des Pyrénées, en vertu duquel Marie-Thérèse, fille de Philippe IV et femme de Louis XIV, avait renoncé à tous ses droits au trône d'Espagne, avait été fait en vue d'empêcher la réunion des couronnes de France et d'Espapagne sur une même tête.

Charles II, frère aîné de Marie-Thérèse, mourut sans postérité, le 1 novembre 1700. Ce monarque, pour empêcher la réunion des royaumes de France et d'Espagne, fit un testament par lequel il désigna comme son successeur dans la monarchie espagnole, non pas le dauphin ni le fils aîné du dauphin, mais le second fils de ce prince, Philippe, duc d'Anjou.

La mère de l'empereur d'Allemagne, Léopold, était fille de Philippe III, et par conséquent tante du dernier roi d'Espagne, Charles II. Se fondant sur cette parenté et sur la renonciation des descendants de l'infante Marie-Thérèse, Léopold revendiqua ses droits à la succession espagnole. De ses deux fils, les archiducs Joseph et Charles, l'aîné devant lui succéder, il réclama pour le second le trône de Charles II.

La crainte de voir les Pays-Bas espagnols au pouvoir d'un prince français, avait antérieurement déjà fait concevoir au roi Guillaume un plan de partage de la succession de Charles II. Un traité avait même été conclu en conséquence entre l'Angleterre, la Hollande et la France.

Les Espagnols s'indignèrent à l'idée de voir leur pays démembré et ses dépouilles partagées par les puissances étrangères. La volonté nationale se déclara ouvertement en faveur du duc d'Anjou, désigné par le feu roi. Louis XIV, renonçant alors au traité de partage, présenta son petit-fils à la cour de Versailles, comme roi d'Espagne, sous le nom de Philippe V.

Le nouveau souverain se rendit aussitôt à Madrid (4 décembre 1700).

Deux mois plus tard, Louis XIV informa officiellement Philippe V, que son avénement au trône d'Espagne ne l'empêcherait nullement, lui ou ses descendants mâles, d'hériter de la couronne de France, si son frère aîné mourait sans héritier.

Une telle déclaration devait causer nécessairement une vive sensation dans toute l'Europe. Elle eut pour effet d'associer aux prétentions de l'empereur d'Allemagne la plupart des nations européennes, qui craignaient la trop grande puissance de la famille des Bourbons.

Le premier acte de Philippe V fut de confirmer l'électeur de Bavière dans les fonctions de gouverneur-général des Pays-Bas espagnols. L'électeur reçut pour instruction d'obéir à tout ce que Louis XIV jugerait à propos de lui ordonner pour la sûreté de cette partie des domaines de son petit-fils. En conséquence l'électeur admit des troupes françaises dans Nieuport, Audenarde, Ath, Mons, Charleroi, Namur et Luxembourg. Ces troupes entrèrent secrètement, de nuit, dans ces villes et y firent prisonniers 22 bataillons d'infanterie hollandaise, qui s'y trouvaient en garnison depuis la paix de Ryswick.

L'empereur ne se contenta pas de protester simplement contre l'accession du duc d'Anjou au trône d'Espagne, mais il fit tous ses préparatifs pour occuper les possessions espagnoles en Italie, et y envoya le prince Eugène avec un corps d'armée.

L'Angleterre reconnut Philippe V et le roi Guillaume lui écrivit même une lettre pour le complimenter. Cependant Guillaume se joignit aux Hollandais pour engager Louis XIV à retirer les troupes françaises des places de la Belgique nouvellement occupées, et il s'offrit à négocier un traité tendant à faire concéder à la Hollande la barrière de ces places. Les États-Généraux réclamèrent seuls la complète exécution du traité de partage. Mais Louis leur ayant offert de relâcher les troupes hollandaises faites prisonnières, à condition de reconnaître le duc d'Anjou, cette proposition fut agréée, et les troupes françaises demeurèrent en possession des sept forteresses mentionnées plus haut.

Cependant les forces françaises, en Belgique, augmentaient de jour en jour. La Hollande, inquiète, réclama l'assistance de la Grande-Bretagne. Le roi Guillaume, avec l'approbation du parlement, tira 13,000 hommes de troupes de l'Irlande et de l'Écosse et les envoya sur le continent, sous les ordres du duc de Marlborough.

Jacques II mourut en 1701, à Saint-Germain. Le prince de Galles, son fils, fut reconnu aussitôt par Louis XIV, sous le nom de Jacques III. Cet événement détermina l'Angleterre à se joindre aux ennemis de la France.

Vers la fin de l'année 1701, les électeurs de Bavière et de Cologne, les ducs de Brunswick et de Saxe-Gotha, le duc de Savoie prirent le parti de la France et de l'Espagne.

L'empereur, les Hollandais et les Anglais conclurent un traité, à La Haye, pour attaquer les Français dans les Pays-Bas. Le roi de Danemark se joignit aux alliés et leur promit un corps de 14,000 hommes. L'empereur s'assura le concours de l'électeur de Brandebourg, en lui reconnaissant le titre et la dignité de roi de Prusse ; l'électeur monta sur le trône, sous le nom de Frédéric I.

La guerre paraissait alors inévitable ; aussi les différentes puissances s'occupaient à en faire les préparatifs avec ardeur.

Les Français renforcèrent de plus en plus leur armée dans les Pays-Bas. Leurs troupes, aidées de bandes considérables de paysans, furent employées à la construction d'une ligne de retranchements qui s'étendait, presque sans interruptions, de l'Escaut, sous Anvers, jusqu'à Wasseige sur la Méhaigne. En dehors de ces lignes, les Français et les Espagnols occupaient Liége, Stevensweert, Ruremonde et Venlo, sur la Meuse.

L'empereur, la Hollande et l'Angleterre déclarèrent la guerre à la France, en mai 1702. Au mois de septembre suivant, les petits États d'Allemagne, à l'exception des électorats de Bavière et de Cologne, suivirent cet exemple.

La France fit alliance avec le duc de Savoie, dont la fille cadette avait épousé le jeune roi d'Espagne.

Le roi Guillaume devait se mettre à la tête des alliés, mais il mourut dans le courant de l'année 1702, des suites d'une chute de cheval.

Guillaume d'Orange, en mourant, laissa la réputation d'un

vaillant soldat, d'un général de talent. Il eut la gloire de refouler les Français depuis les murs d'Amsterdam jusqu'à la citadelle de Namur. Sans doute il essuya bien des revers, et on peut dire que ce ne fut pas un général heureux ; mais les éléments dont il disposait étaient bien inférieurs à ceux de ses puissants ennemis. Les troupes sous ses ordres appartenaient à toutes espèces de nations, et ces contingents sans cohésion avaient des chefs divisés fréquemment par la jalousie et des intérêts opposés. La commission des États, ainsi que le conseil de guerre, qui devaient discuter d'avance chacune de ses opérations militaires, paralysèrent souvent son initiative, en ne lui laissant qu'une faible part d'autorité ; et pourtant, avec cette nature froidement énergique, qui le caractérisait, après chaque défaite, loin d'être découragé, on le retrouve, debout, prêt à recommencer et toujours redoutable.

Guillaume, veuf depuis plusieurs années et sans postérité, laissa le trône d'Angleterre à sa belle-sœur Anne Stuart. Il avait désigné son neveu Jean-Guillaume Frison, prince de Nassau-Dietz, pour lui succéder en Hollande ; mais le parti républicain de ce pays, jaloux de toute autorité, supprima le stadhouderat, qui ne continua à subsister que dans les provinces de Frise et de Groningue. Cette dignité fut rétablie en 1747, en faveur du fils de Guillaume-le-Frison.

La guerre avait commencé de fait en Italie, dès la fin de 1701. L'empereur avait envoyé le prince Eugène, avec 30,000 hommes, menacer le Milanais. Le prince descendit les montagnes du Tyrol, suivit la rive gauche de l'Adige, traversa ce fleuve et attaqua vigoureusement les troupes de Catinat postées à Carpi, petit village entouré de murs et défendu par un château.

Soit prudence, soit timidité, Catinat battit en retraite jusque derrière l'Oglio, bien que ses forces, unies à celles du duc de Savoie, fussent doubles de celles des Impériaux. Par ce succès l'armée allemande devint maîtresse des pays entre l'Adige et l'Oglio.

Villeroi fut alors désigné pour commander l'armée d'Italie. Il prit immédiatement l'offensive et attaqua le camp du prince Eugène dans une forte position, à Chiari (11 septembre 1701).

L'entreprise était téméraire, car les retranchements à enlever étaient peu abordables. Villeroi, malgré les avis de ses lieutenants-généraux, ordonna l'attaque. Catinat, avant de se décider à obéir, se fit répéter trois fois l'ordre de marcher en avant. Les craintes des généraux français se réalisèrent; leurs troupes furent culbutées. Catinat, quoique blessé, rendit l'important service de diriger la retraite; il quitta ensuite l'armée et vint à Versailles rendre compte à Louis XIV de sa conduite pendant qu'il exerçait le commandement en chef.

L'hiver vint suspendre les hostilités. Les Impériaux le passèrent près de Mantoue, qu'ils investirent, et s'emparèrent entretemps de Guastalla et de la Mirandola.

Le prince Eugène ouvrit la campagne suivante par une tentative hardie sur Crémone, où se trouvait le maréchal de Villeroi avec une forte garnison.

« Le 2 février 1702, vers quatre heures du matin, dit Voltaire, le maréchal, qui dormait avec sécurité, est réveillé au bruit des décharges de mousqueterie; il se lève en hâte, monte à cheval; la première chose qu'il rencontre, c'est un escadron ennemi. Le maréchal est aussitôt fait prisonnier et conduit hors de la ville, sans savoir ce qui s'y passait et sans pouvoir imaginer la cause d'un événement si étrange. Le prince Eugène était déjà dans Crémone; un prêtre attaché au parti de l'empereur avait introduit les troupes allemandes par un égout; quatre cents soldats, entrés par cet égout dans la maison du prêtre, avaient sur-le-champ égorgé la garde de deux portes : celles-ci ouvertes, Eugène était entré avec quatre mille hommes. Tout cela s'était fait avec ordre, secret et diligence et avant que le maréchal de Villeroi fût éveillé. Le gouverneur espagnol se montre d'abord dans les rues avec quelques soldats; il est tué d'un coup de fusil; tous les officiers généraux sont tués ou pris, à la réserve du comte de Rével et du marquis de Praslin. Beaucoup d'autres officiers français subirent le même sort. »

« Le hasard confondit la prudence du prince Eugène. »

« Un régiment de la garnison, qui devait être passé en revue de grand matin par le chevalier d'Entragues, s'assemblait à une extrémité de la ville, précisément dans le temps que le prince Eugène entrait par l'autre; ce corps résiste aux Allemands qu'il rencontre, et donne le temps au reste de la garnison d'accourir. Les officiers, les soldats, pêle-mêle, les uns mal armés, les autres presque nus, sans commandement, sans ordres, remplissent les rues, les places publiques. On combat en confusion, on se retranche de rue en rue, de place en place; deux régiments irlandais qui faisaient partie de la garnison arrêtèrent les efforts des Impériaux. Jamais ville n'avait été surprise avec plus de sagesse, ni défendue avec tant de valeur. La garnison était d'environ cinq mille hommes; le prince Eugène n'en avait pas encore introduit plus de quatre mille. Un gros détachement devait arriver par le pont du Pô : les mesures étaient bien prises, le hasard les dérangea toutes. Ce pont du Pô, mal gardé par environ cent soldats français, devait d'abord être saisi par les cuirassiers allemands, qui, dans l'instant que le prince Eugène entra dans la ville, furent commandés pour aller s'en emparer. Il fallait pour cet effet, qu'étant entrés par la porte du midi, voisine de l'égout, ils sortissent sur-le-champ de Crémone, du côté du nord, par la porte du Pô, et qu'ils courussent au pont. Ils y allaient; le guide qui les conduisait est tué d'un coup de fusil d'une fenêtre; les cuirassiers prennent une rue pour une autre, ils allongent leur chemin. Dans ce petit intervalle de temps, les Irlandais se jettent à la porte du Pô, ils combattent et repoussent les cuirassiers; le marquis de Praslin profite du moment; il fait couper le pont : alors le secours que l'ennemi attendait ne put arriver et la ville est sauvée. »

« Le prince Eugène, après avoir combattu tout le jour, maître de la porte par laquelle il était entré, se retire enfin, emmenant le maréchal de Villeroi et bon nombre de prisonniers. »

Le maréchal de Villeroi, peu aimé à la cour et de ses soldats, fut remplacé par le duc de Vendôme.

Voltaire a caractérisé ce dernier dans les lignes suivantes :
« Le duc de Vendôme, petit-fils de Henri IV, était intrépide comme lui, doux, bienfaisant, sans faste, ne connaissant ni la haine, ni l'envie, ni la vengeance. Il n'était fier qu'avec les princes; il se rendait l'égal de tout le reste. C'était le seul général sous lequel le devoir du service, et cet instinct de fureur qui obéit à la voix des officiers, ne menassent point les soldats au combat : ils combattaient pour le duc de Vendôme; ils auraient donné leur vie pour le tirer d'un mauvais pas, où la précipitation de son génie l'engageait quelquefois. Il ne passait pas pour méditer ses desseins avec la même

profondeur que le prince Eugène, et pour entendre comme lui l'art de faire subsister les armées. Il négligeait trop les détails; il laissait périr la discipline militaire; la table et le sommeil lui dérobaient trop de temps. Cette mollesse le mit plus d'une fois en danger d'être enlevé; mais un jour d'action, il réparait tout par une présence d'esprit et par des lumières que le péril rendait plus vives; et ces jours d'action, il les cherchait toujours : moins fait, à ce qu'on disait, pour une guerre défensive, et aussi propre à l'offensive que le prince Eugène. »

Philippe V, qui était allé à Naples pour s'y faire reconnaître, se rendit à l'armée d'Italie. Ses efforts unis à ceux de Vendôme obligèrent Eugène à lever le blocus de Mantoue.

Les Français, à la suite de ce dernier avantage, se disposaient à couper à Eugène la communication de Guastalla et de la Mirandola, en se plaçant entre ces villes et le Pô, lorsque le prince, traversant lui-même le fleuve, à leur insu, se cacha aux environs de Luzzara, dans l'entre-deux de sa rive droite et de la digue du Zéro, près de laquelle les Français vinrent imprudemment asseoir leur camp, sans avoir exploré le terrain au delà. Il s'était proposé de les attaquer au moment où les fourrageurs étant aux champs et l'infanterie à la recherche de la paille et de l'eau, il lui serait aisé de forcer le camp et de s'emparer des armes en faisceaux et de la majeure partie des chevaux au piquet. L'accomplissement de ce hardi projet eût entraîné la ruine totale de l'armée : un hasard en prévint l'exécution. Les sinuosités du Zéro et de la digue élevée pour contenir ses eaux se trouvaient en un point tellement rapproché du camp, qu'un officier, sans autre but que de satisfaire sa curiosité, s'avisa d'y monter pour jeter un coup-d'œil sur le pays d'alentour. « Quel fut son étonnement, dit Anquetil, d'apercevoir toute l'infanterie impériale, en ordre de bataille, couchée ventre à terre et la cavalerie par derrière pour la soutenir! »

L'officier donna aussitôt l'alarme et le combat ne tarda pas à commencer. Les Impériaux n'eurent qu'à monter sur la digue pour mettre sous leur feu l'armée combinée qui n'était point formée en bataille. Bientôt ils franchirent la digue pour s'approcher davantage, mais le terrain couvert de haies et de buissons, les empêcha d'aborder tout le front et donna le temps aux alliés de se former peu à peu. Quand l'armée fut en ligne, l'attaque devint sans objet et les assaillants se couvrirent de nouveau de la digue pour battre en retraite.

Cette bataille remarquable, dont chaque parti s'attribua le gain, prit le nom de bataille de Luzzara; elle eut lieu le 15 août 1702.

Après l'affaire, Eugène resta sur la défensive et l'on peut dire que Vendôme préserva le Milanais de l'invasion des Impériaux.

VII.

Opérations dans les Pays-Bas. — Siége de Liége. — Opérations en Allemagne. — Combat de Friedlingen. — Affaire d'Eeckeren.

Dans les Pays-Bas, les Hollandais commencèrent les hostilités en assiégeant avec 18,000 hommes la petite forteresse de Keisersweert sur le Rhin, qui était défendue par une garnison française. Le reste de leur armée était campé autour de Clèves.

Le marquis de Boufflers, à la tête de l'armée française, descendit la Meuse, envoya un détachement pour secourir

Keisersweert et marcha sur Clèves. Keisersweert n'en capitula pas moins et les Hollandais se retirèrent de Clèves sur Nimègue, poursuivis par les Français, jusqu'au pied des glacis, où ces derniers perdirent un certain nombre d'hommes par l'effet d'une canonnade partie des remparts de la ville.

Les Français, comptant 66 bataillons, 114 escadrons, se concentrèrent derrière la Nierse, cette rivière en front, et leur gauche à son confluent avec la Meuse.

Marlborough réunit ses forces à Nimègue, 65 bataillons, 130 escadrons, passa la Meuse à Grave, marcha vers l'ennemi, tourna sa gauche, et obligea celui-ci à se retirer par Ruremonde sur Brée.

Le général anglais vint camper à son tour devant cette dernière localité.

Les Français se portèrent alors par Zonhoven et Beeringen vers Eindhoven pour se placer entre les alliés et la ville de Bois-le-Duc, d'où ces derniers tiraient leurs subsistances; mais par ce mouvement, Marlborough se trouvait lui-même entre l'armée française et la Meuse, sa base d'opérations.

Le duc de Marlborough, dont l'armée avait été considérablement renforcée, prit position près de Helchteren, le front couvert par le ruisseau dit Zwartebeek. Les Français se portèrent vis-à-vis de lui, mais jugeant sa position trop forte, ils se retirèrent, après une vive canonnade.

Au lieu de les poursuivre par le Brabant septentrional, dont ils avaient pris la route, le général anglais s'empara de Venlo, Stevensweert, Ruremonde et alla assiéger Liége.

Le faubourg d'Outre-Meuse, à Liége, était garanti, à cette époque, au moyen d'une ligne de redoutes reliées entre elles par une enceinte fortifiée, bien revêtue, avec fossé profond, enfin par le fort de la Chartreuse, comme réduit ; la citadelle, sur l'autre rive, se trouvait à peu près dans son état actuel.

Le lieutenant-général Violaine commandant la garnison française, à Liége, forte de douze bataillons, en plaça huit dans la citadelle, et quatre dans la Chartreuse. La ville fut abandonnée.

L'attaque commença par la citadelle, du côté de Sainte-Walburge, et l'assaut y fut donné le 23 octobre 1702. Le 29, la garnison de la Chartreuse capitula et fut emmenée prisonnière à Anvers.

De Boufflers tenta d'éloigner Marlborough de la Meuse, en envoyant le marquis de Bedmar avec un corps composé de Français et d'Espagnols faire une diversion sur Hulst, dans la Flandre hollandaise; mais le gouverneur de la place fit couper les digues et obligea par l'inondation les troupes ennemies à battre en retraite, après avoir perdu 500 hommes. Ainsi se termina, dans les Pays-Bas, la première campagne de la guerre de la succession d'Espagne. Cette campagne fut tout à l'avantage de Marlborough, car elle affranchit le cours de la Meuse de la domination espagnole.

Les alliés s'étaient emparés de Landau et Haguenau, pendant que Catinat, qui commandait en Alsace, était contraint d'être spectateur de ces prises.

La France avait pour allié, nous l'avons déjà dit, l'électeur de Bavière, qui opérait sur le Danube. Une jonction entre l'armée d'Alsace et l'armée bavaroise fut projetée, et Villars, lieutenant-général sous Catinat, et connu pour son caractère entreprenant, chargé de l'effectuer avec une division forte de 18,000 hommes.

Villars se porta donc à Hüningue, pour y traverser le Rhin. Le prince Louis de Bade, avec 25,000 hommes, avait assis son camp dans la plaine de Friedlingen et l'avait couvert par une série de redoutes et un fort.

Le général français fit prendre Neubourg, à cinq lieues plus bas sur le Rhin ; cette ville assurait aux Autrichiens la communication avec Freibourg. On y simula la construction d'un pont de bateaux. Le 14 octobre 1702, le prince Louis, dans la crainte que les Français n'effectuassent leur passage près de Neubourg, se retira vers la Kandern, laissant 500 hommes dans le fort de Friedlingen.

Villars, aussitôt qu'il s'aperçut du départ des Allemands, donna l'ordre de passer le Rhin par un pont de bateaux reliant la petite île d'Hüningue aux deux rives du Rhin.

Le prince Louis fit faire sur-le-champ un mouvement rétrograde à son armée ; la cavalerie et une partie de l'artillerie se placèrent sur deux lignes dans la plaine, la droite appuyée au fort de Friedlingen, la gauche aux hauteurs boisées de Tillingen ; l'infanterie se porta sur ces hauteurs accompagnée de 6 escadrons et de 5 pièces.

L'infanterie française se dirigea du pont sur Weil et escalada les hauteurs de Tillingen ; la cavalerie française prit position sur deux lignes, face à celle des Autrichiens.

Les Impériaux occupèrent la pointe la plus avancée de la forêt de Tillingen, tandis que quatre brigades d'infanterie avancèrent par des chemins différents vers la lisière de la forêt ; une cinquième brigade resta en réserve à Weil.

L'infanterie française débusqua les Autrichiens de la forêt, mais au prix de pertes sensibles, et, poursuivant son succès, s'avança en rase campagne. Les 6 escadrons allemands s'élancèrent alors sur le flanc droit découvert des Français et y répandirent la terreur. Les Français prirent la fuite à travers

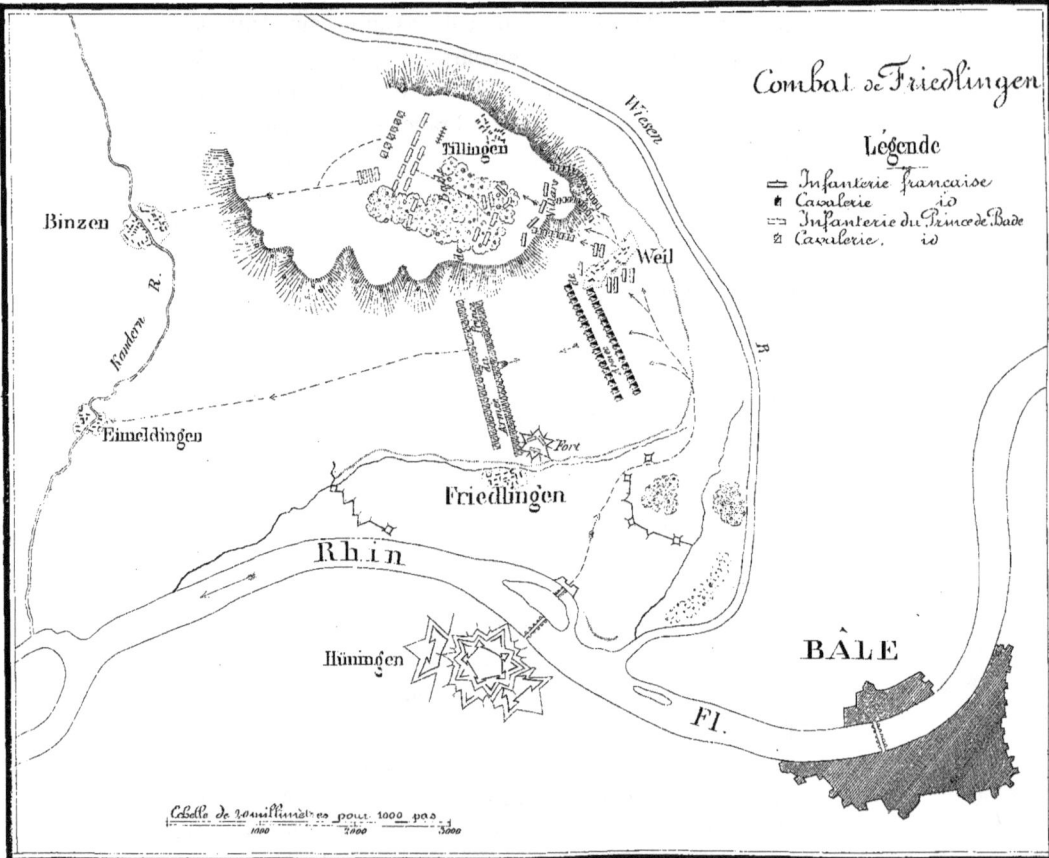

Combat de Friedlingen

Légende

⟹ Infanterie française
🏴 Cavalerie   id
⟹ Infanterie du Prince de Bade
▨ Cavalerie.   id

Binzen

Tillingen

Weil

Eimeldingen

Friedlingen

Rhin

Hüningen

BÂLE

Fl.

Échelle de 20 millimètres pour 1000 pas
1000   2000   3000

la forêt (1) jusqu'au pied de la hauteur près de Weil où Villars parvint enfin à les rallier, mais non sans peine.

Pendant que ces choses se passaient à la droite de l'armée française, sa cavalerie, par un mouvement simulé, chercha à faire sortir la cavalerie impériale de sa position avantageuse; à cet effet, il fut ordonné à la première ligne de passer par les intervalles de la seconde, comme si elle avait le projet de battre en retraite.

Les Impériaux, abandonnant l'avantage de la protection du fort, marchèrent contre la cavalerie française qui les laissa approcher jusqu'à cent pas. La cavalerie française, n'ayant plus à craindre le canon du fort, qui eût atteint indistinctement les troupes des deux armées, chargea à son tour, culbuta la première ligne ennemie, la rejeta sur la seconde et les poursuivit jusqu'à la Kandern. L'infanterie impériale, témoin de cette déroute, battit aussitôt en retraite sans être toutefois vivement poursuivie par les Français. Chacune des deux armées laissa 3,000 hommes tués ou blessés sur le terrain, mais les Français firent 900 prisonniers.

Après la victoire, les soldats acclamèrent Villars maréchal de France, sur le champ de bataille, et Louis XIV confirma ce que la voix des soldats lui avait donné.

Villars n'osa s'aventurer sans munitions et sans vivres

---

(1) « J'ai entendu dire plus d'une fois au maréchal de Villars que. la bataille étant gagnée, comme il marchait à la tête de son infanterie, une voix cria : « Nous sommes coupés. » A ce mot, tous ses régiments s'enfuirent. Il court à eux, et leur crie : « Allons, mes amis, la victoire est à nous : *Vive le roi !* » Les soldats répondirent, *Vive le roi !* en tremblant, et recommencent à fuir. La plus grande peine qu'eut le général, ce fut de rallier les vainqueurs. Si deux régiments ennemis avaient paru dans le moment de cette terreur panique, les Français étaient battus : tant la fortune décide souvent du gain des batailles ! » (Voltaire).

dans les défilés de la Forêt-Noire pour poursuivre le prince de Bade. Il regagna l'Alsace et mit ses troupes au repos. Au printemps suivant, il fit sa jonction avec l'électeur de Bavière, comme nous le verrons dans la suite.

Les Espagnols avaient fait construire, après la séparation des provinces du nord, un canal reliant la Meuse au Rhin, de Venlo à Rheinsberg. Ce canal fut creusé dans le but de rendre le commerce entre l'Allemagne et les Pays-Bas indépendant des Hollandais.

Rheinsberg, ville fortifiée avec soin et occupée par les Français, fut prise par un corps prussien, en février 1703. Le 16 mai, Marlborough, prit Bonn, la seule place du Bas-Rhin, encore au pouvoir des Français.

Louis XIV, mécontent de la campagne de l'année précédente en Belgique, envoya Villeroi reprendre le commandement de Boufflers; ce dernier resta cependant à l'armée des Pays-Bas.

Villeroi commença par s'emparer de Tongres (9 mai 1703).

Marlborough, après le siége de Bonn, rejoignit le général Overkerke, qui, en son absence, commandait l'armée des Hollandais à Maestricht.

Les armées belligérantes, après plusieurs marches et contre-marches, pendant lesquelles on les vit s'avancer parallèlement sur les rives du Geer, séparées seulement par ce mince filet d'eau, n'entreprirent aucune action de guerre remarquable, et allèrent, celle de Marlborough à Bilsen, comme si elle voulait marcher sur Anvers, et celle de Villeroi, à Diest, pour lui barrer le passage.

Indépendamment des deux armées qui manœuvraient ainsi, Villeroi avait un corps de troupes espagnoles dans les environs d'Anvers, de Gand et d'Ostende; ces forces étaient sous les ordres du marquis de Bedmar, commandant-général des Pays-Bas, en l'absence de Maximilien-Emmanuel de Bavière. Marlborough, de son côté, avait confié au général hollandais Obdam, un corps qui se trouvait entre Bréda et l'Écluse pour protéger la Flandre hollandaise.

Pendant les opérations sur le Geer, Marlborough envoya le général Coëhorne, qui faisait partie du corps d'Obdam, opérer une diversion dans le pays de Waes (entre Anvers et Gand); pour protéger ce mouvement, il prescrivit au général Obdam de prendre position à Eeckeren.

Le corps du général Obdam, se gardant avec une extrême négligence, le marquis de Bedmar projeta de l'enlever. Il demanda l'assentiment du maréchal Villeroi, qui lui envoya un renfort de 30 compagnies, 30 escadrons, sous de Boufflers. Les Français eurent ainsi 19,000 hommes (28 bataillons, 48 escadrons) pour tenter cette entreprise.

Les Hollandais au nombre de 11,000 (13 bataillons, 26 escadrons) étaient campés, la droite en avant d'Eeckeren, la gauche en arrière du Donck; derrière leur droite se trouvait un bas-fond marécageux, auquel aboutissait une digue conduisant au fort Lillo.

Le 30 juin 1703, Boufflers détacha une partie de son infanterie, qui, sans que l'ennemi s'en aperçût, occupa Oorderen, Hoevenen, Huysbrouck, Capellen, tournant l'aile gauche des Hollandais et coupant leur retraite sur Lillo.

Obdam, s'étant aperçu de la position des Français sur ses derrières, envoya le général Schulemberg, avec 500 dragons vers Hoevenen, pour reprendre ce point. Il s'y engagea un combat très-vif, à la suite duquel les Français restèrent maîtres du village. Une attaque des Hollandais sur Oorderen avec 2 bataillons, 4 canons eut plus de succès.

Cependant le reste de l'armée de Bouffiers s'était déployé sur plusieurs lignes vis-à-vis d'Ecckeren et repoussait de front les Hollandais, tandis que six bataillons détachés du corps principal français, se portant par Capellen, Hoevenen, sur Oorderen, reprenaient ce dernier village conquis par l'ennemi quelques instants auparavant, et prirent possession de la grande digue de l'Escaut menant à Lillo.

Les alliés devaient faire face de tous côtés. Ils se battaient avec opiniâtreté sur les digues du terrain qu'ils occupaient, lorsque quatre bataillons espagnols, partis d'Anvers, qui avaient longé le bord de l'Escaut en masquant leur marche par la grande digue, et s'étaient emparés du fort Saint-Philippe, parurent à Wilmarsdonck.

La confusion paraît avoir été à son comble en ce moment.

Le général Obdam, complétement cerné, s'échappa à travers les ennemis en se disant officier français. Il arriva à Bréda avec cinq cavaliers de son armée.

Les Hollandais continuèrent avec la plus grande valeur ce combat inégal, jusqu'à la nuit. Ils avaient pourtant cet avantage sur l'ennemi, que celui-ci ne put faire usage de sa nombreuse cavalerie, à cause de la nature du terrain entre-coupé de digues et de marais.

A la nuit close, le général hollandais Schulemberg, auquel était échu le commandement, recueillit les meilleures troupes et résolut de percer à tout prix à travers les ennemis. Malgré la résistance la plus opiniâtre des Français, il emporta à la baïonnette le village d'Oorderen, et parvint à se retirer, à la pointe du jour, par la grande digue, sur le fort Lillo.

Dans cette affaire, les Hollandais perdirent 2,500 hommes tués, blessés ou prisonniers. Les Français et les Espagnols éprouvèrent à peu près les mêmes pertes.

Les deux partis réclamèrent la victoire. Elle revient en toute justice aux Français.

Lillo

La Croix

Escaut

Digue

Hoevenen

Capellen

Maysbroeck

Oorderen

Donck

Eeckeren

Wilmarsdonck

Digue

Digue

St Philippe

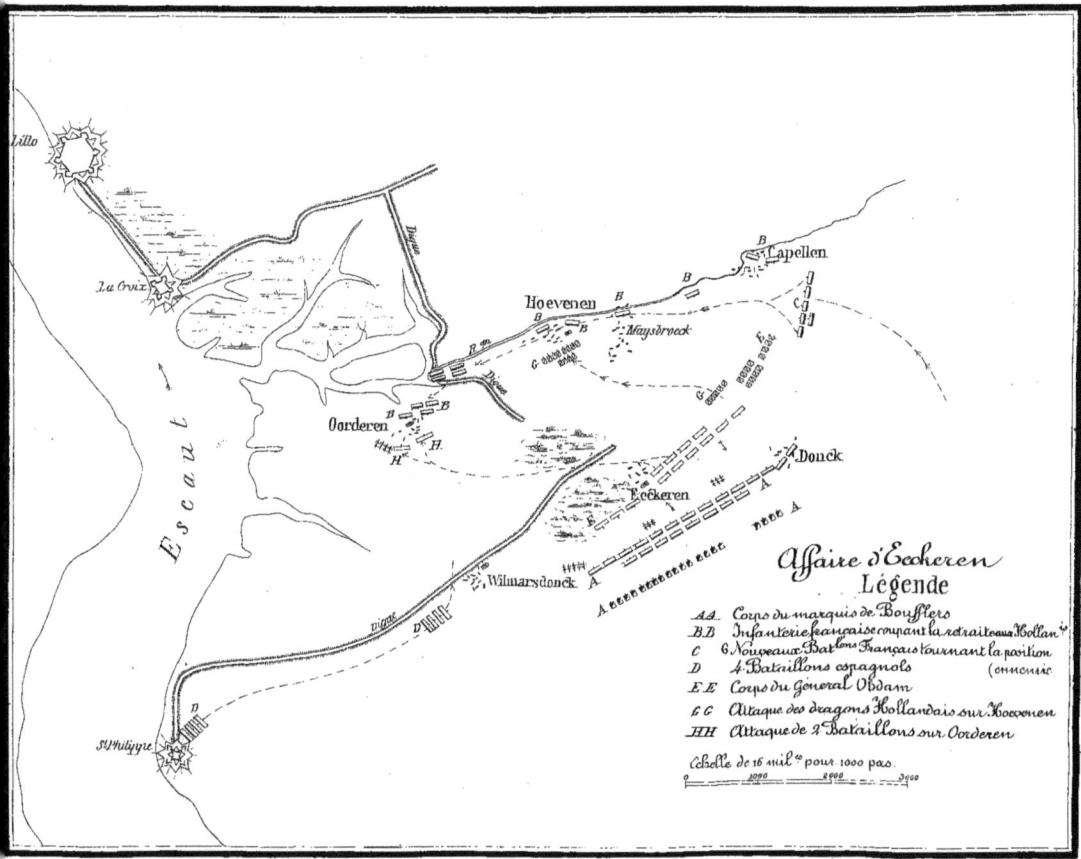

Affaire d'Eeckeren
Légende

A.A   Corps du marquis de Boufflers
B.B   Infanterie française coupant la retraite aux Hollan[dais]
C   6 Nouveaux Bataillons Français tournant la position
D   4 Bataillons espagnols   (ennemie.
E.E   Corps du Général Obdam
G.G   Attaque des dragons Hollandais sur Hoevenen
H.H   Attaque de 2 Bataillons sur Oorderen

Echelle de 16 milᵉˢ pour 1000 pas.

0   1000   2000   3000

Marlborough alla de Bilsen à Hasselt, puis à Beeringen, tandis que Villeroi se repliait sur Aerschot. Les détachements qui avaient combattu à Eeckeren, ayant rejoint leurs armées respectives, celles-ci manœuvrèrent de façon à se trouver en présence non loin d'Anvers. Les Français prirent position pour défendre le pays de Waes, mais les alliés jugèrent prudent de ne pas les attaquer.

Marlborough dirigea alors son armée sur Vinalmont pour protéger le siége de Huy. Villeroi alla à Wasseige, derrière la Méhaigne.

Après la prise de Huy, les alliés se rapprochèrent des Français dans le dessein de les attaquer, mais jugeant leur position trop forte, ils allèrent camper à Saint-Trond et envoyèrent un détachement prendre la ville de Limbourg. La campagne ainsi terminée, les deux armées se mirent en cantonnements.

VIII.

Opérations de Villars sur le Danube. — Invasion dans le Tyrol. — Première affaire de Hochstedt. — Les Camisards. — Combat sur le Spirebach.—Combat de Donauwerth.—Bataille de Hochstedt ou de Bleinheim.

Pendant l'hiver qui suivit la défaite du prince de Bade à Friedlingen, l'électeur de Bavière, allié de la France, s'était emparé, après plusieurs combats heureux, de tous les passages du Danube jusqu'à Passau exclusivement. Villars n'attendait que la fonte des neiges pour le rejoindre. Il repassa le Rhin à Hüningue, descendit le fleuve, fit replier les quartiers du prince de Bade, enleva une partie de ses bagages et de ses munitions, le prévint sur la Kinzing, le força à rétrograder jusqu'à Stolhoffen et investit Kehl qu'il emporta de vive force, en treize jours, sans que le prince pût s'y opposer. Reprenant alors ses projets de jonction, Villars laissa le maréchal Tallard pour tenir le prince de Bade en échec, suivit la vallée de la Kinsing, déboucha après douze jours de marche pénible, près de la source du Danube et rejoignit enfin les Bavarois à Tutlingen.

Le maréchal de Villars et l'électeur de Bavière ne vécurent pas longtemps en bonne intelligence. Le premier proposait de laisser une partie des troupes en observation à Dillingen sur le Danube, et de marcher rapidement sur Vienne, avec le reste, pour frapper l'empire au cœur même et amener de suite la conclusion de la paix. L'électeur Maximilien-Emmanuel approuva ce plan, mais, à l'époque fixée pour son exécution, il trouva moyen de ne pas y prêter son concours, prétextant qu'un château qu'il possédait dans le Haut-Palatinat, était menacé par le comte de Styrum, commandant l'armée des Cercles, postée derrière le Necker.

L'électeur avait fait quelques réflexions sur son isolement au milieu de l'Empire et commençait à craindre pour lui-même. De là ses hésitations et les ménagements qu'il voulait garder envers l'empereur.

Villars, désespéré de voir échouer ses projets, se contenta de proposer à l'électeur une attaque dans le Tyrol, où Vendôme se trouvait engagé avec les Impériaux.

En obligeant ces derniers à rétrograder, Villars comptait sur une jonction possible de l'armée de Vendôme, pour tenter la marche hardie sur Vienne, qu'il méditait.

Le Tyrol fut envahi facilement. Les Impériaux battirent en retraite, poursuivis par Vendôme. Mais ce succès ne fut pas de longue durée. Le duc de Savoie, allié de la France, changea subitement de parti, après des promesses que l'Empereur lui avait faites. Cette défection engagea Louis XIV à faire prisonniers 7 à 8,000 Piémontais, qui servaient dans les rangs de l'armée française et à faire envahir la Savoie. Ce qui restait de troupes au duc de Savoie, dans les places fortes du Piémont, obligea Vendôme à revenir sur ses pas. Dans le même temps, et par suite de ce mouvement, les Tyroliens, revenus de leur première frayeur et aidés de quelques troupes régulières, assaillirent avec avantage les Bavarois et les expulsèrent de leur territoire. L'électeur, qui s'était déjà établi à Innspruck, dut s'enfuir en toute hâte et non sans danger.

Le maréchal Tallard, qui avait mission de tenir le prince de Bade en échec, l'avait laissé échapper et, au lieu de le poursuivre, s'occupait de faire le siége de Brissac dont il se rendit maître.

Villars qui avait pris position à Dillingen, en attendant l'heureuse issue de l'expédition des Bavarois, se trouvait livré à lui-même avec 25,000 hommes, et menacé par l'armée du prince de Bade, renforcée par plusieurs contingents allemands, sous les ordres de Styrum, jusqu'au chiffre de 40,000 hommes.

Le camp retranché du maréchal Villars à Dillingen était dans une situation défensive admirable, le dos appuyé au Danube, le front couvert par un ruisseau qui coulait dans un ravin assez profond. Ne pouvant aborder son adversaire de face, le prince de Bade assit vis-à-vis de Dillingen, un camp fortifié qu'il laissa avec des troupes suffisantes, au commandement du comte de Styrum, et remonta lui-même le Danube pour le traverser et prendre les Français à dos ou envahir la Bavière.

Villars, dans cette situation éminemment périlleuse, conjura l'électeur de Bavière de s'assurer d'Augsbourg, pour protéger à revers l'armée française et détacha une division de son armée pour obliger les alliés à remonter le fleuve le plus haut possible.

Grâce à ces mesures, l'ennemi ne put traverser le Danube, qu'au-dessus d'Ulm. L'électeur marcha de Munich sur Augsbourg, avec une telle lenteur qu'il n'y arriva que le jour après la reddition de la ville au prince de Bade. Dès ce moment, pour dégager Villars, il restait encore la ressource d'une bataille, mais l'électeur se refusa absolument à l'engager. Villars, irrité de cette faute, demanda son rappel.

Sur ces entrefaites, Villars apprit que le maréchal comte de Styrum décampait et se dirigeait sur Donauwerth, avec un équipage de bateaux. Villars exposa à l'électeur la nécessité urgente d'attaquer les alliés. L'électeur refusa : « Eh bien ! j'y marcherai seul avec les Français ! » reprit Villars, et il donna l'ordre du départ. Cette résolution énergique décida l'électeur. Styrum, atteint près d'Hochstedt, fut complétement défait (20 septembre 1703).

Voltaire raconte, à propos de cette affaire, qu'après la première charge, l'armée ennemie et l'armée française, saisies d'une terreur panique, prirent la fuite toutes les deux en même temps, et que le maréchal de Villars se vit presque isolé pendant quelques minutes sur le champ de bataille. Il ranima toutefois ses troupes, les ramena au combat et remporta ainsi la victoire, tuant 3,000 Impériaux et faisant 4,000 prisonniers.

L'électeur, qui avait combattu malgré lui, était ravi. Il embrassa Villars sur le champ de bataille, ce qui ne l'empêcha pas de retomber dans ses irrésolutions.

Ce fut, pour ainsi dire, un malheur que cette victoire. On crut en France que l'armée du Danube n'avait plus besoin de secours, et Tallard, au lieu d'aller à son aide, s'attacha au siége de Landau.

Les armées française et bavaroise marchèrent sur Memmingen. Ce mouvement, dû à l'inspiration de Villars, suffit pour dégager Augsbourg.

Pendant ces opérations, Villars fut constamment contrecarré par l'électeur de Bavière. Fatigué de ces dissensions continuelles, il demanda de nouveau à être rappelé et fut remplacé par le comte de Marsin.

Villars s'en alla dans les Cévennes combattre les Camisards.

On désignait sous ce nom des bandes de calvinistes qui, ne voulant pas se soumettre à la révocation de l'édit de Nantes, s'étaient réfugiés dans les Cévennes et y luttaient contre l'autorité de Louis XIV. Ils avaient l'habitude de combattre la nuit, recouverts d'un vêtement blanc (*camicia*).

Nous avons laissé le maréchal de Tallard assiégeant Landau. Dans le but de secourir cette place, le prince de Hesse-Cassel (plus tard roi de Suède), détaché de l'armée des Pays-Bas, se joignit, sur les bords du Spirebach, au prince de Nassau-Weilbourg, général des troupes palatines.

Tallard laissa la garde de tranchée devant la ville et marcha au devant de l'ennemi qu'il rencontra au delà de la seconde branche du Spirebach. Ayant la vue basse, il prit pour un mouvement de retraite une manœuvre d'une division ennemie, et donna l'ordre d'attaquer avant que son armée fût entièrement déployée et en ordre de combat.

Cette faute pouvait lui être des plus fatales, mais l'impétuosité des Français, dans cette attaque où la baïonnette fit le plus grand carnage, sauva leur armée.

Les alliés, surpris, commirent de leur côté la faute de rejeter brusquement leurs ailes vers leur centre, au lieu de s'étendre sur les flancs de l'armée française et de l'envelopper avant son entier déployement. Ce mouvement de concentration jeta un tel désordre dans leurs rangs, qu'il décida de la victoire en faveur des Français (15 novembre 1703).

Landau capitula le lendemain.

Cette affaire acquit au maréchal Tallard une réputation qu'il ne méritait pas et une confiance que Louis XIV paya chèrement plus tard.

L'électeur de Bavière s'était emparé à son tour d'Augsbourg et de Passau. La route de Vienne était ainsi ouverte aux Bavarois. La situation de l'empereur devenait d'autant plus critique, qu'une révolte ayant éclaté en Hongrie, il se trouvait menacé de toutes parts. Marlborough, qui était dans les Pays-Bas, fut désigné pour aller à son secours.

Le secret de la marche du général anglais fut strictement gardé, et la marche elle-même exécutée avec un talent admirable.

Marlborough laissa le général Overkerke sur la défensive dans les Pays-Bas, quitta Maestricht, le 16 mai 1704, passa à Bonn, Coblentz, traversa le Mayn au-dessus de Mayence, puis le Necker, s'avança vers le Danube, et rejoignit, non loin de ce fleuve, le 22 juin suivant, l'armée impériale sous les ordres du prince Louis de Bade.

Les armées combinées de Bavière et de France, sous les

ordres de l'électeur et du maréchal Marsin, occupaient un camp retranché à Dillingen et avaient de gros détachements à Ulm et à Donauwerth. L'électeur attendait sur les bords du Danube l'arrivée d'une nouvelle armée française, dont Louis XIV avait confié le commandement au maréchal de Tallard. Celui-ci, en effet, était en route avec 35,000 hommes.

Marlborough et le prince de Bade, s'avancèrent du côté de Donauwerth pour y attaquer les Français et les Bavarois réunis, qui, avec 7,000 hommes sous les ordres du feld-maréchal Arco, occupaient les hauteurs fortifiées du Schellenberg. En même temps, le prince Eugène, à la tête d'un corps considérable, fut détaché du côté de Philipsbourg pour interdire le passage du Rhin aux renforts attendus de France.

Derrière les retranchements du Schellenberg, se trouvaient 11 bataillons bavarois sur deux lignes, aux ailes desquelles l'armée française avait : à gauche, 3 bataillons, derrière le parapet entre Donauwerth et le Calvaire ; à droite, 2 bataillons, et derrière ceux-ci, en réserve, 2 régiments de dragons.

L'avant-garde de Marlborough, forte de 6,000 fantassins et 32 escadrons, soutint à elle seule presque tout le combat.

L'affaire commença par une attaque de 4 bataillons anglais qui passèrent le Kaibach, sous le canon des Bavarois, et s'établirent entre la forêt d'Oldennau et le village de Berg. Une deuxième ligne, forte de 7 bataillons, suivit la première, et la cavalerie fit halte, en troisième ligne, hors de portée du feu, partie déployée, partie en colonne de marche.

L'attaque de la première ligne fut accueillie par un feu qui causa de grandes pertes aux Anglais. Pour soutenir ces troupes chancelantes, la deuxième ligne se porta à la pre-

7

mière et tenta vainement, à trois reprises, d'enlever les retranchements. Les alliés battirent en retraite poursuivis par les Bavarois. Marlborough engagea des troupes fraîches et une vive fusillade s'engagea de part et d'autre. Cependant les alliés allaient plier de nouveau, lorsque le prince Louis de Bade arriva avec le gros de son armée sur le champ de bataille. Les alliés tentèrent alors une attaque générale sur les retranchements, ainsi qu'un coup de main sur le pont de Donauwerth, seul point de retraite des Bavarois.

Le comte Arco, dans le but de parer à ce dernier danger, détacha 4 bataillons pour renforcer la garnison de Donauwerth ; mais avant que ces bataillons eussent pu atteindre la ville, une forte colonne de l'armée des alliés s'était emparée de la hauteur du Calvaire.

Les Bavarois et les Français, entourés complétement par des forces très-supérieures, enclouèrent leurs pièces et battirent en retraite, abandonnant le Schellenberg. Les troupes de leur aile droite s'enfuirent par Zirgesheim vers Neubourg ; les autres s'ouvrirent un passage à la baïonnette vers Donauwerth.

Le comte Arco, avec ces dernières, fit rétablir le pont rompu par l'ennemi, le traversa en hâte et, abandonnant Donauwerth, rejoignit l'électeur.

Les Bavarois et les Français laissèrent 1,600 hommes sur le terrain. Les alliés 6,000.

Dans cette affaire, qui eut lieu le 2 juillet 1704, l'échec des Bavarois et des Français doit être imputé, d'après Kausler, à l'inconcevable inaction de l'électeur Maximilien et de Marsin, qui n'étaient qu'à huit lieues de distance, dans leur camp de Dillingen, et auraient pu envoyer au général Arco un renfort dont le concours eût été précieux.

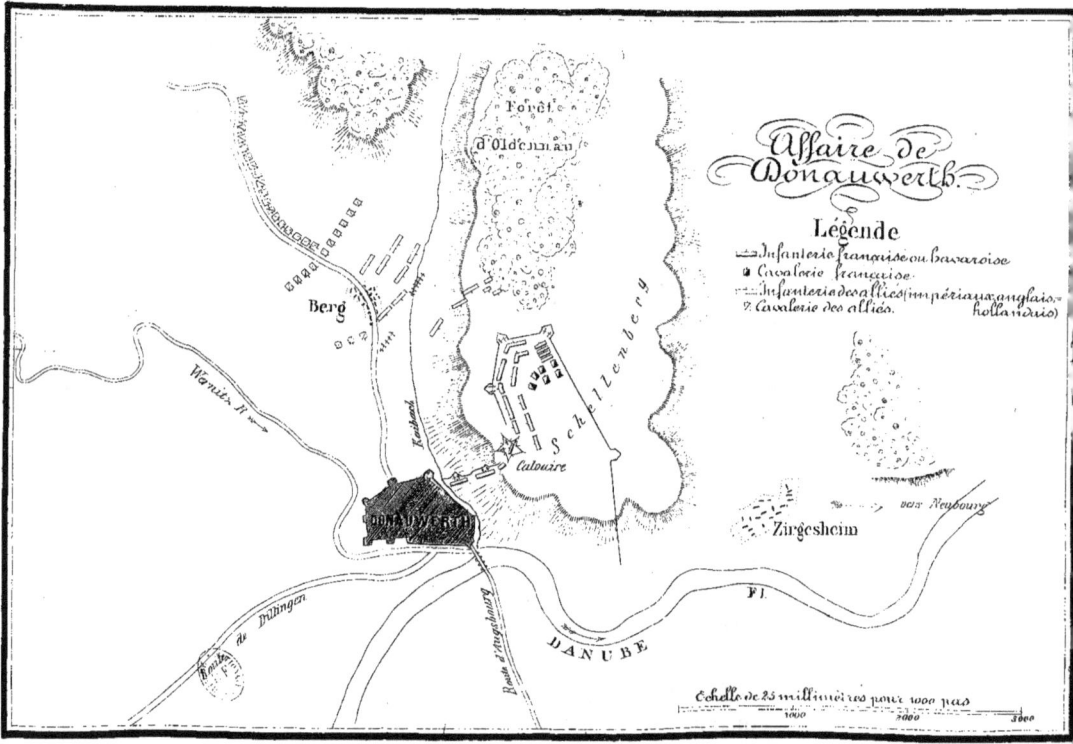

Affaire de Donauwerth.

Légende

⟶ Infanterie française ou bavaroise
▫ Cavalerie française
⟶ Infanterie des alliés (impériaux, anglais,
  hollandais)
⁊ Cavalerie des alliés.

Forêt d'Oldenau

Berg

Wærnis R.

Kæhbach

Schellenberg

Calvaire

DONAUWERTH

Route de Dillingen

Route de Dillingen

Route d'Augsbourg

Zirgesheim

vers Neubourg

DANUBE Fl.

Echelle de 25 millimètres pour 1000 pas
1000   2000   3000

Les Impériaux s'emparèrent de Neubourg et parcoururent tout le pays jusqu'à Munich. Ils ouvrirent alors des négociations avec l'électeur, qui s'était retiré à Augsbourg, pour l'engager à embrasser la cause de l'empire. Mais la perspective de l'arrivée de Tallard engagea Maximilien-Emmanuël a rester fidèle au parti de Louis XIV.

Le maréchal Tallard, afin de tromper les Impériaux sur l'itinéraire qu'il se proposait de suivre, laissa supposer qu'il allait faire sa jonction avec l'électeur par la Suisse. Il se dirigea d'abord vers ce pays, puis il fit une marche rapide de Strasbourg sur Freibourg et se réunit enfin à Maximilien-Emmanuel qui s'était porté au-devant de lui jusqu'à Biberach, non loin d'Augsbourg. Ce mouvement obligea les Impériaux à repasser sur la rive gauche du Danube.

Pendant ce temps, le prince Eugène, qui s'était porté du côté de Philipsbourg, se jugeant hors d'état de disputer le passage du Rhin au maréchal Tallard, se hâta, à la tête de ses troupes, consistant en 20 bataillons et en 60 escadrons, de rejoindre l'armée du duc de Marlborough. Il prit position entre Dillingen et Donauwerth, tandis que le prince de Bade recommençait les hostilités en faisant le siége d'Ingolstadt.

L'électeur et le maréchal avaient résolu de surprendre Eugène, avant sa jonction avec Marlborough. Dans ce dessein, ils avaient traversé le Danube et pris le chemin de Donauwerth par Hochstedt. Mais le prince Eugène, pénétrant les intentions de ses adversaires, s'était retiré à temps derrière la Wernitz où la jonction avec Marlborough avait pu se faire. Les Impériaux, prenant alors l'offensive, s'avancèrent à leur tour sur Hochstedt, pour attaquer les armées combinées de Tallard et de Maximilien (13 août 1704).

Les Français et les Bavarois avec 60,000 hommes (84 bataillons, 147 escadrons, 90 bouches à feu) prirent position, la droite appuyée au Danube, au village de Bleinhem, le centre à Oberglauheim, la gauche à Luzingen et appuyée contre l'Eichberg, le front couvert par le ruisseau dit Nebelbach. Cette ligne avait une étendue de plus d'une lieue et demie. L'armée de Tallard était à la droite, celle de Marsin au centre, celle de Maximilien à la gauche.

Bleinhem, point d'appui de la droite française, était occupé par 27 bataillons; entre ce village et le Danube, on avait placé 12 escadrons de dragons; et à Oberglauheim, 12 bataillons. Toute la cavalerie française et le reste de l'infanterie, 9 bataillons seulement, remplissaient sur deux lignes l'intervalle de Bleinheim à Oberglauheim et de ce dernier endroit à Luzingen.

L'armée de l'électeur avait sa droite à Luzingen, sa gauche à l'Eichberg. Jusqu'au pied de la montagne, elle était formée sur deux lignes ; au delà elle se trouvait sur une seule.

Le terrain occupé par les armées française et bavaroise s'inclinait doucement vers le Nebelbach. Le front était garni d'artillerie.

Il est clair que cet ordre de bataille était vicieux, car toute l'infanterie se trouvant dans les villages, surtout à Bleinheim, le reste de la position était trop faiblement défendu par la cavalerie et l'artillerie seules.

Les Impériaux avaient 56,000 hommes (66 bataillons, 178 escadrons, 52 bouches à feu). Ils arrivèrent, sur neuf colonnes, par Schwenningen où Marlborough leur fit changer de direction à droite pour les former de la manière suivante : à l'aile gauche, entre la route de Dillingen à Donauwerth et le Danube, 20 bataillons, 15 escadrons; au centre, jusqu'à Weilheim, un corps (lord Churchill, frère de Marlborough) de

28 bataillons, ayant derrière lui sur deux lignes 71 escadrons; à la droite, le corps du prince Eugène était d'abord formé de 92 escadrons, sur deux lignes, avec réserve, ensuite de 13 bataillons également sur deux lignes.

L'artillerie était répartie sur tout le front des deux armées.

Aussitôt que les Impériaux furent rangés, Marlborough commença l'attaque. Le centre de son corps d'armée passa le Nebelbach, repoussa facilement le peu d'infanterie française, qui lui était opposé et, après un combat opiniâtre avec la cavalerie ennemie, put prendre position au delà d'Unterglauheim; mais ses ailes furent repoussées avec grande perte de Bleinheim et d'Oberglauheim.

Marlborough s'apercevant alors que le centre des Français était entièrement dégarni d'infanterie, se décida à percer sur la grand'route de Hochstedt à Donauwerth. L'infanterie de sa gauche simula des attaques sur Bleinheim; sa cavalerie du centre, postée sur la deuxième ligne, traversa les intervalles de l'infanterie, passa le ruisseau sous le feu de l'artillerie ennemie, se forma dans la vallée et marcha vers la hauteur pour y aborder Tallard. L'infanterie du centre suivit ce mouvement, à Unterglauheim et Oberglauheim, mais elle échoua une seconde fois contre ce dernier village.

Entre Bleinheim et Oberglauheim, il s'était engagé un combat de cavalerie, auquel 150 escadrons des deux côtés prirent part. Plus d'une fois la cavalerie de Marlborough fut rompue par les charges vigoureuses de la cavalerie française, commandée par Tallard lui-même; mais elle se rallia, par la protection de l'infanterie, dont le sangfroid et la fermeté causèrent de grandes pertes aux escadrons français qui enfin durent abandonner le terrain.

L'armée de Tallard fut ainsi percée au centre. Les 9 bataillons d'infanterie française, qui n'étaient pas dans les villages, furent taillés en pièces, et la plus grande partie de l'artillerie française tomba au pouvoir des Anglais. Le maréchal ordonna la retraite.

A l'aile droite impériale, le prince Eugène fit attaquer Luzingen et la forêt voisine, mais ses troupes furent repoussées par celles de Maximilien, secondées par une partie de la cavalerie de Marsin.

Tallard, en ordonnant la retraite, prescrivit aux troupes de Bleinheim d'évacuer ce village, mais il était trop tard ; elles étaient déjà coupées. L'ordre qu'il donna à Marsin, de favoriser la retraite, en faisant faire une sortie par les troupes d'Oberglauheim, ne reçut pas d'exécution.

Ce concours de circonstances désastreuses mit l'armée de Tallard en pleine déroute. Elle se sauva dans toutes les directions. Un grand nombre de fuyards, manquant le pont de Sonderheim, se noyèrent ou périrent sous les coups de l'ennemi; le reste se rallia sur les hauteurs de Hochstedt. Tallard lui-même fut blessé et fait prisonnier.

Marlborough poursuivit les fuyards jusqu'à Sonderheim, envoya une partie de ses troupes renforcer les attaques sur Oberglauheim et Luzingen et se mit en mouvement avec l'autre pour marcher contre Bleinheim.

Eugène parvint enfin, après de grandes difficultés, à emporter Luzingen.

Maximilien et Marsin, s'apercevant que leur flanc droit était découvert par la débâcle de Tallard, et voyant approcher le corps de troupes envoyé par Marlborough, battirent en retraite, avec ordre, et purent rejoindre les débris de l'armée de Tallard.

A la nuit, toutes les positions des Français et des Bavarois étaient occupées par les alliés; la garnison de Bleinheim, bloquée, mit bas les armes, sans avoir été d'aucune utilité durant la bataille.

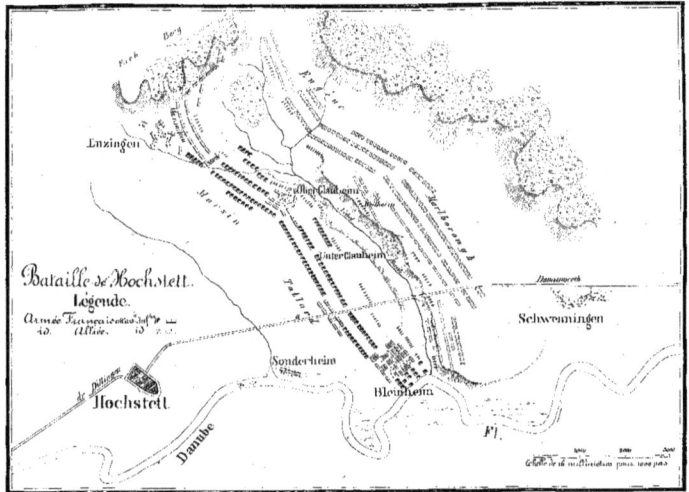

Bataille de Hochstett.
Légende.
Armée Française ... Inf.ᵉ
id.   Alliée.

Hochstett

Enzingen

Ober Glauheim

Unter Glauheim

Sonderheim

Blenheim

Schwenningen

Danube

Fl.

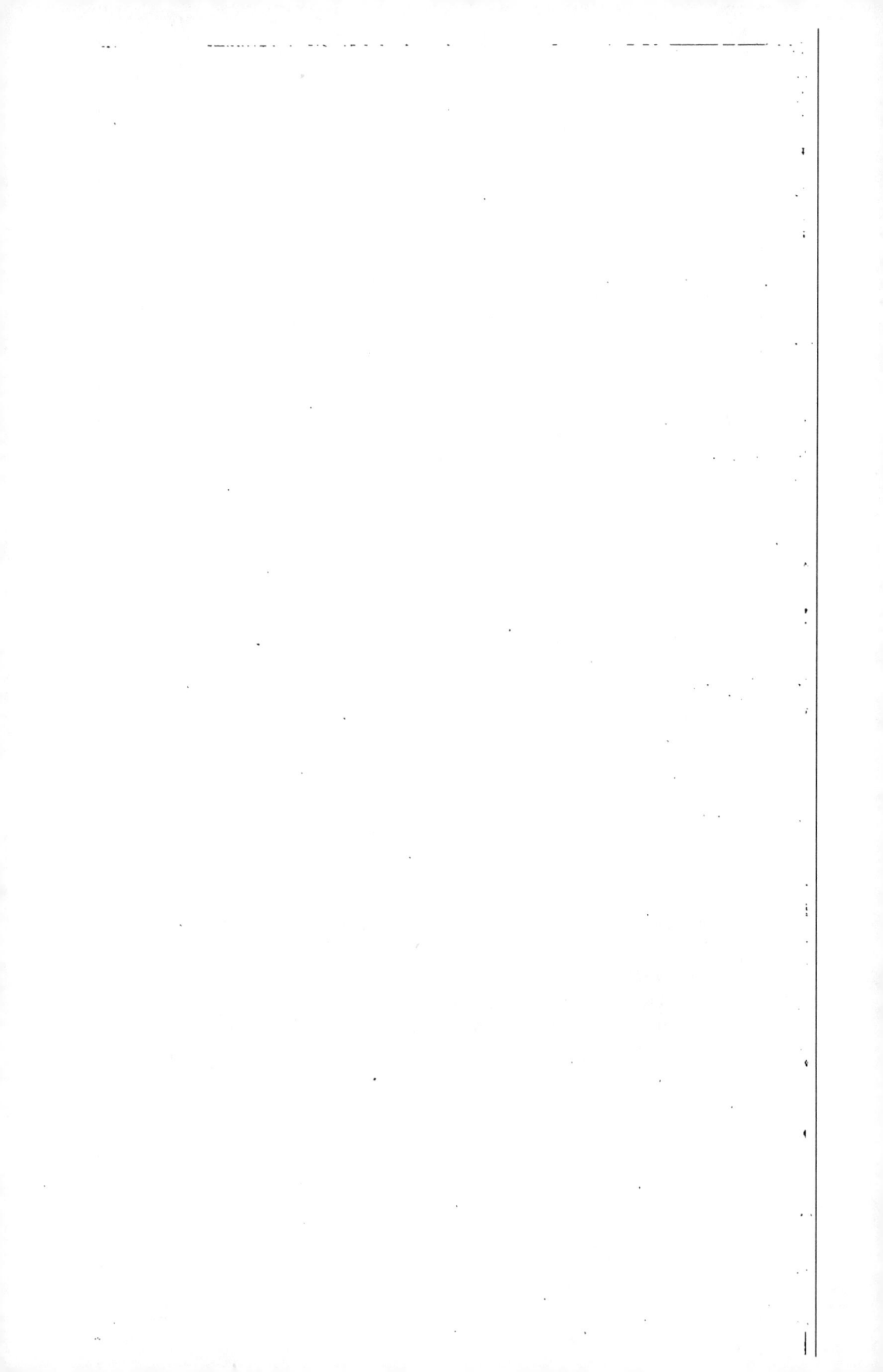

Dans cette journée, les Français et les Bavarois euren$_t$ 15,000 hommes tués ou blessés, et laissèrent 14,000 prisonniers, 35 canons, de nombreux drapeaux, bagages, chariots de munitions, etc. aux mains du vainqueur. Les Impériaux ne perdirent que 11,000 hommes, en tout.

On peut reprocher à Tallard, dit Kausler, les fautes suivantes :

1° le partage de son armée en deux corps, sans qu'ils fussent unis au centre par une force d'infanterie suffisante ;

2° la position trop en arrière du Nebelbach, de sorte que l'armée française ne pouvait ni voir dans le vallon du ruisseau, ni le balayer par la canonnade, ce qui permit à l'ennemi de le franchir sans être inquiété sérieusement ;

3° l'emploi vicieux de 27 bataillons à Bleinheim, alors que 4 bataillons eussent suffisamment défendu ce village.

Après la victoire, Marlborough, en récompense de ses services, fut élevé à la dignité de prince de l'empire.

La défaite de Hochstedt fut un rude échec pour Louis XIV. Elle transporta le théâtre de la guerre à plus de cent lieues en arrière, et anéantit complétement les projets d'invasion des Français en Autriche.

Villars, l'année précédente, avait eu l'occasion de marcher sur Vienne, et il l'eût fait avec chance de succès, si le décousu des opérations de Tallard, au nord, la défection du duc de Savoie, au sud, et les dissensions entre l'électeur de Bavière et le maréchal lui-même n'eussent arrêté ce dernier dans l'exécution de ce plan.

Dans la campagne que nous venons de décrire, le but était le même : Vienne pour objectif. Mais les circonstances n'étaient plus aussi favorables. Les forces de la France étaient disséminées de la Meuse au Danube, sur une étendue immense. Les Français avaient, en effet, un corps d'armée dans les Pays-Bas, un autre, commandé par Villeroi, sur le Bas-Rhin, enfin l'armée combinée de Tallard et de Marsin sur le Danube. Le plan de campagne était trop vaste pour le nombre de troupes qui opéraient sur une ligne aussi développée.

Après la déroute de Hochstedt, les Français, plus affaiblis encore, durent battre en retraite pour se concentrer, et la France, au lieu de l'Allemagne, devint le théâtre des opérations militaires.

L'électeur de Bavière rallia les troupes françaises et bavaroises à Ulm. Il laissa 9 bataillons pour la défense de cette place et se rendit à marches forcées sur le Rhin, à travers la Forêt-Noire.

La Bavière, privée ainsi de la présence de l'électeur, se soumit tranquillement aux Impériaux. L'électrice se retira à Munich et, du consentement de l'électeur, conclut un traité avec l'empereur. Elle s'engageait à congédier le petit nombre de régiments bavarois demeurés en armes, et à ouvrir les portes d'Ingolstadt, ainsi que des autres forteresses de la Bavière, aux troupes impériales, sous la condition toutefois qu'elle pourrait habiter Munich avec la famille électorale jusqu'à la paix générale.

Marlborough se mit en marche vers la Belgique. Il traversa le Necker, quatre-vingt-deux jours seulement après son premier passage de la même rivière, passa le Rhin, à Philipsbourg, prit position pour soutenir le prince de Bade qui faisait le siége de Landau, continua sa marche vers la Moselle, s'empara de Trèves et ordonna au prince de Hesse-Cassel d'assiéger Trarbach. A Mayence, il embarqua son infanterie sur le Rhin et envoya sa cavalerie par le Luxembourg en Hollande.

Landau et Trarbach ne tardèrent pas à se rendre.

IX.

Opérations d'Eugène en Italie. — Affaire de Cassano. — Opérations de Marlborough dans les Pays-Bas. — Bataille de Ramillies. — Bataille de Turin. — Villars en Allemagne. — Eugène en Provence.

Après la bataille de Hochstedt, le prince Eugène descendit vers le Milanais pour s'opposer à Vendôme, qui s'avançait sur le Tyrol.

Turin était menacé par les Français. Pour dégager cette ville, Eugène descendit la rive gauche de l'Adda. Vendôme remonta la rive droite. Les deux armées furent en présence à Cassano, où les Impériaux essayèrent de passer l'Adda par le pont et par des gués voisins. Au début de l'action, quelques bataillons français du centre furent surpris et mis en désordre, mais les autres troupes reprirent vigoureusement l'offensive et culbutèrent dans le fleuve les Impériaux qui l'avaient passé.

Vendôme eut un cheval tué sous lui; Eugène fut blessé et son armée ne put effectuer le passage projeté.

Pendant l'absence de Marlborough, les Français, ignorant le but de la marche de ce général, en Allemagne, avaient tiré des renforts considérables de leur armée de Belgique, pour grossir les armées sur la Moselle et le Rhin. Le général

Overkerke, commandant les alliés dans les Pays-Bas, se prévalut de cette circonstance pour bombarder Namur. Il espérait que les habitants, effrayés, forceraient la garnison à se rendre. Cette tentative échoua.

Le général hollandais Spaer s'empara du fort Isabelle, près de l'Écluse, et bombarda Bruges.

L'empereur Léopold mourut en 1705. Son fils aîné, l'archiduc Joseph, lui succéda, sous le nom de Joseph I.

Au printemps de l'année 1705, Marlborough se rendit de Maestricht à Trèves, pour envahir la France par la vallée de la Moselle.

Villars, après avoir pacifié les Cevennes, venait de prendre le commandement d'une armée qui vint se placer devant celle de Marlborough, dans une position très-forte, ce qui engagea le général anglais à ne pas attaquer et à retourner à Maestricht.

Dans les Pays-Bas, l'armée combinée de Villeroi et de Maximilien alla s'établir à Vinalmont et s'empara de Huy, pendant que Marlborough était sur la Moselle.

Un détachement de l'armée de Marlborough reprit Huy sans coup férir ; le général anglais lui-même s'établit à Vinalmont, tandis que les Français se postaient derrière les lignes de retranchements construites par eux précédemment. Leur quartier général fut placé à Meerdorp.

Marlborough marcha vers les retranchements, comme pour les attaquer du côté de la Meuse ; puis, changeant subitement de direction, il se porta rapidement sur Léau et prit sans peine possession des villages situés sur la petite Gète et ayant des ponts sur cette rivière, qui servait de fossé aux

retranchements français. L'infanterie escalada les parapets
des lignes, les détruisit et les nivela sur une étendue suffisante pour livrer passage aux autres armes. Les alliés se
trouvèrent ainsi dans l'intérieur des lignes françaises.

Marlborough s'empara de Tirlemont, plaça sa droite à cette
ville, sa gauche près d'Orsmael, au point où les lignes
avaient été forcées. Les Français vinrent pour l'y attaquer,
mais ils furent battus en détail et perdirent 4,000 hommes
tués ou blessés et 2,000 prisonniers,

L'armée de Villeroi alla se placer derrière la Dyle, près du
village de Neeryssche. Marlborough se porta aussitôt de ce
côté; ses avant-gardes tentèrent d'opérer le passage de la Dyle
à Corbeek, près de Neeryssche, mais elles furent repoussées.
Le général anglais résolut alors de tourner la position ennemie, en remontant vers la source de la Dyle, ce qu'il fit
en battant en retraite jusqu'à Meldert, et en marchant par
Orbais, Genappe et Braine-l'Alleud, sur le terrain entre la
Lasne et le ruisseau d'Yssche. Les Français, pris à revers,
se réfugièrent derrière le ruisseau d'Yssche. Marlborough
pouvait leur livrer bataille dans des circonstances exception-
nellement avantageuses, car ils étaient démoralisés, leurs
lignes avaient été forcées, leur position venait d'être tournée;
enfin, l'Yssche, leur nouvelle ligne de défense, n'était pas un
obstacle sérieux. Mais le temps se perdit chez les alliés en
pourparlers entre Marlborough et les membres du conseil
d'État hollandais qui suivaient l'armée en campagne, et sans
lesquels on ne pouvait rien entreprendre. Ces membres du
conseil se décidèrent pour la retraite et le mouvement tournant si habilement combiné et exécuté par les alliés ne servit
à rien (1).

(1) Le général hollandais Schulemberg insista sur la convenance de

La campagne se termina pour les alliés par la prise de Léau, puis par celle de Santvliet, sur la rive droite de l'Escaut. Après la prise de Léau, ils détruisirent les retranchements qui s'étendaient de cette ville à la Méhaigne.

Les Français élevèrent une nouvelle ligne de défense, depuis le confluent du Démer et de la Dyle, jusqu'à la Nèthe en amont de Lierre.

Le 20 mai 1706, Marlborough vint camper entre Saint-Trond et Tongres, sa droite à Looz, sa gauche à Corswarem, vers la source du Geer; il avait 73 bataillons, 123 escadrons, 120 bouches à feu, soit 60,000 hommes.

Villeroi qui commandait l'armée française forte de 74 bataillons, 128 escadrons, 130 canons, soit 62,000 hommes, passa la Dyle à Louvain, marcha sur Tirlemont, avec l'intention de barrer le chemin à Marlborough qu'il supposait vouloir assiéger Namur.

Marlborough, instruit de la marche des Français, quitta

soumettre la question de l'attaque à un conseil de guerre. Le colonel Carmichael-Smith dit à ce propos : « Il est malaisé de comprendre qu'un chef veuille subir pareille contrainte ou conserver un jour de plus le commandement nominal d'une armée, sur les opérations de laquelle il conserve si peu de véritable influence. Mais l'égalité d'âme du duc de Marlborough était extrême, peut-être fut-il le seul homme au monde capable de conduire à la victoire une armée composée d'éléments si hétérogènes, et agitée par un tel conflit d'intérêts divers. Après avoir mené son armée au point précis où il désirait; après avoir, par un mouvement judicieux, tourné le flanc de l'ennemi, et forcé celui-ci à quitter une bonne position, pour une autre, dans laquelle le duc jugea avantageux de l'attaquer; se voir interpeller par un officier en sous-ordre, pour expliquer ses plans et ses intentions; se voir forcé d'écouter les observations et les objections de cet officier et ensuite voir décider, contre son propre avis, une question purement militaire par des gens de robe, qui n'y peuvent rien comprendre; il fallut pour le souffrir une patience peu commune. »

son campement, le 22 mai et arriva, le 23, à Meerdorp, dans le but de prendre l'offensive.

Villeroi fit occuper par une nombreuse infanterie les villages d'Autre-Église et d'Offuz. Il envoya 20 bataillons à Ramillies, village entouré d'un fossé profond, fit occuper par une brigade d'infanterie le terrain entrecoupé de Taviers, et poussa quelques troupes légères jusqu'à Franquenée. Sa cavalerie se plaça sur deux lignes entre Ramillies et Taviers. Son front était couvert sur la gauche par la petite Jauche.

Marlborough s'avança avec huit colonnes jusqu'à Meerdorp. Il y arriva au moment où l'ennemi se formait. Il déploya son armée, parallèlement à celle des Français, sur deux lignes, la droite à Folx-les-Caves, la gauche à la Méhaigne, l'infanterie au centre, la cavalerie aux ailes, une troisième ligne formée de 20 escadrons, en réserve.

Une courte reconnaissance avait fait voir au général anglais que la position était beaucoup plus abordable, en raison de la nature du terrain, sur la droite de l'ennemi que sur sa gauche, et que la hauteur de Hottomont était la clef de la position. Il forma, en conséquence, le projet de faire une vigoureuse fausse attaque sur l'aile gauche de l'ennemi, afin d'obliger celui-ci à s'affaiblir sur l'aile droite, puis d'enlever Taviers d'assaut et de tourner par là l'armée de Villeroi.

Le combat commença donc sur Autre-Église et Offuz par l'infanterie de la droite alliée. Villeroi, aussitôt qu'il vit son aile gauche menacée, tira quelques bataillons du centre pour renforcer la partie attaquée, et remplit le vide qui en résulta par des troupes de la droite. Ce mouvement occasionna du désordre dans sa ligne de bataille.

Marlborough, ayant ordonné à quatre bataillons de sa gauche de se porter sur Taviers et Franquenée, ces bataillons furent soutenus sur leur flanc droit par la cavalerie de l'aile gauche alliée ; en même temps le centre allié se porta sur quatre colonnes à Ramillies.

Un combat opiniâtre s'engagea à Taviers. Villeroi y renforça sa position par 14 escadrons de dragons qui, pour combattre à pied, laissèrent leurs chevaux hors du village. Les dragons furent tués ou faits prisonniers et Taviers fut enlevé d'assaut.

La cavalerie de l'aile gauche alliée culbuta la première ligne de cavalerie française, mais elle fut vigoureusement repoussée par la seconde. Marlborough vint à son secours avec quelques escadrons tirés de sa droite. La cavalerie de réserve alliée donna vigoureusement, entre Ramillies et Taviers, contre les escadrons français qui combattirent avec une valeur admirable. Mais finalement la droite française fut enfoncée et tournée. Marlborough s'y établit à dos de la ligne de bataille ennemie.

Dans le même temps Ramillies fut enlevé. Les troupes qui défendaient ce village cherchèrent à se faire jour sur Hottomont, mais elles furent taillées en pièces ou faites prisonnières par la cavalerie alliée.

Après ces grands efforts, il y eut une courte pause dont Villeroi chercha à profiter pour prendre une nouvelle position entre Geest-Gerompont et Offuz, afin d'y recueillir les troupes qui avaient été dispersées ; mais la confusion était devenue trop grande pour permettre cette opération. Marlborough saisit ce moment pour achever sa victoire. Il fit attaquer Offuz au centre, tandis qu'à l'extrême droite les alliés, ne voulant pas rester dans l'inaction vis-à-vis de Folx, s'avancèrent résolument sur Autre-Église et, tournant ce village, culbutèrent les derniers régiments ennemis qui y faisaient résistance.

Les armées française et bavaroise se livrèrent alors à une

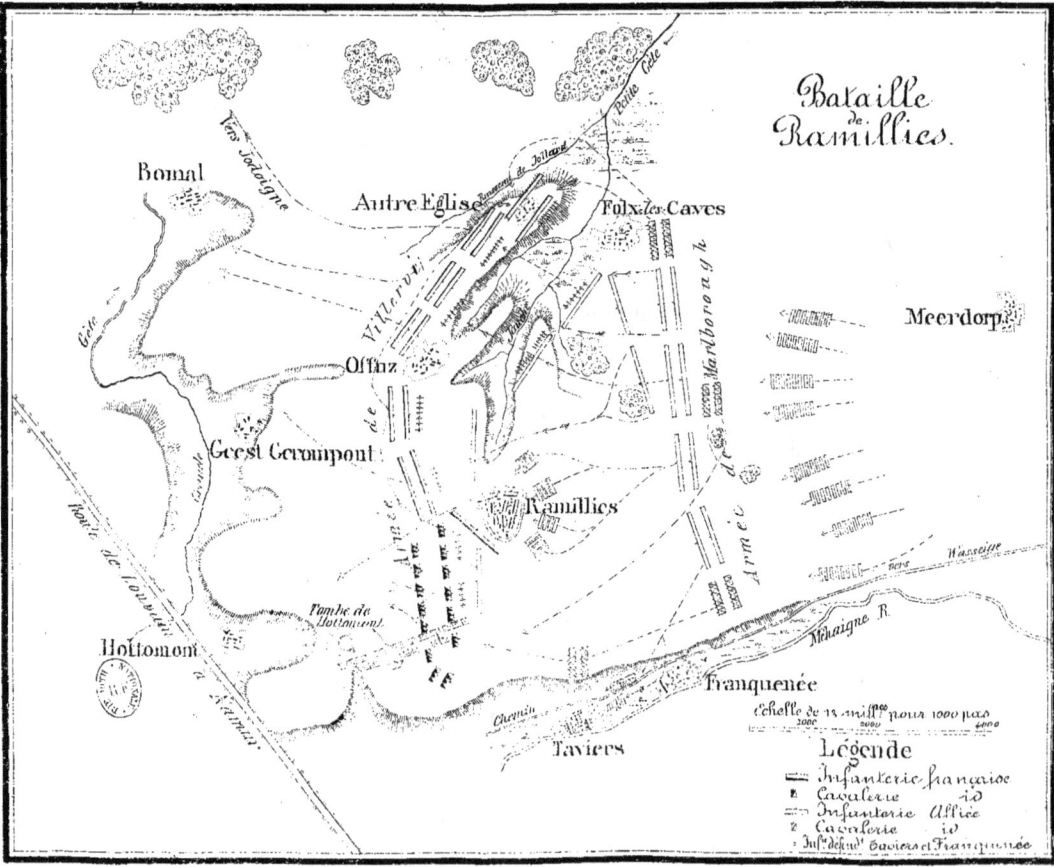

Bataille de Ramillies.

Bomal

Autre Eglise

Folx les Caves

Meerdorp

Vers Jodoigne

Petite Gâte

Gâte

de Villaron

Offuz

Geest Gerompont

Ramillies

Armée de Marlboro à 9 h.

Hottomont

Tombe de Hottomont

Wasseige

Méhaigne R.

Franquenée

Chemin

Taviers

Armée de

Route de Louvain à Namur

Echelle de 12 mill.ᵐᵉ pour 1000 pas
2000 3000 4000

Légende
Infanterie française
Cavalerie   id
Infanterie Alliée
Cavalerie   id
Inf.ᵗᵉ défend.ᵗ Taviers et Franquenée

fuite désordonnée, vers Jodoigne et la grande Gète, pour-
suivies de près par la cavalerie alliée; elles battirent en
retraite jusqu'à Meldert.

Les pertes des Français et des Bavarois dans cette journée
s'élevèrent à 13,000 tués, blessés ou prisonniers; presque
toute l'artillerie, 80 drapeaux, les bagages tombèrent au pouvoir des vainqueurs.

Les alliés évaluèrent leurs propres pertes à 3,600 hommes.

Les fautes principales commises par le maréchal de Villeroi, à Ramillies, sont, d'après Feuquières :

1° De n'avoir pas assez rapproché sa première ligne de
Ramillies et de Franquenée ;

2° D'avoir négligé d'organiser la défense de ces deux villages, et notamment d'en avoir confié la garde à la plus
mauvaise infanterie et aux dragons ;

3° D'avoir tenu ses deux lignes à une distance trop considérable l'une de l'autre ;

4° D'avoir dédaigné de renforcer son centre et sa droite,
lorsque tout lui annonçait que l'ennemi allait diriger ses
efforts sur ces deux points.

De Meldert, l'armée, vaincue et toujours poursuivie, battit
en retraite par Bruxelles, Gand, Courtrai ; elle marcha
ensuite sur Mons, où elle se divisa. Une partie resta dans
cette dernière ville, le reste se réfugia dans les places fortes
de Tournai, Lille, Menin et Ypres.

De son côté, Marlborough se porta sur Gand par Louvain,
Vilvorde et Alost.

Bruxelles fut évacué par les Français, ainsi que Gand dont
la citadelle se rendit au général anglais Cadogan. Le général
Overkerke prit Ostende ; les villes d'Audenarde, Anvers,

Ath, Termonde, Menin, c'est-à-dire les forteresses principales des Pays-Bas, tombèrent au pouvoir des alliés.

Après le désastre de l'armée française à Ramillies,
Louis XIV enleva à Villeroi le commandement de l'armée des
Pays-Bas pour le confier au duc de Vendôme. L'armée d'Italie
reçut pour chef le jeune duc d'Orléans, fils de Monsieur,
frère du roi.

Ce prince secondé par le maréchal Marsin se porta avec
une armée d'observation sur l'Adige, tandis que le duc de La
Feuillade assiégeait Turin.

Le prince Eugène quitta Vienne, avec 35,000 Impériaux,
Saxons, Prussiens et Palatins, pénétra en Italie par le Tyrol et
tourna la position de l'armée d'observation qui recula jusqu'aux retranchements élevés devant Turin.

L'armée de siége du duc de La Feuillade avait 40,300 hommes. La place était défendue par 15,000 Piémontais.

Le prince Eugène résolut d'aborder l'ennemi par la langue
de terre entre la Doire et la Sture. Les Français, jugeant
leur position inattaquable de ce côté, ne s'étaient décidés
que le 6 septembre 1706, veille de la bataille, à élever une
ligne à redans entre ces deux cours d'eau.

Le duc d'Orléans qui disposait de 44,000 hommes, voulait
que l'armée française de siége suspendît les travaux d'attaque
pour concourir à la bataille. Mais cet avis ne prévalut pas. Il
fut décidé au contraire que les Français attendraient l'ennemi
derrière la ligne de circonvallation et qu'ils continueraient
le siége avec vigueur. C'était une faute grave, car les lignes
à défendre sur les deux rives du Pô avaient un développe-
ment hors de proportion avec les forces disponibles pour
leur défense.

Tandis que des corps détachés de l'armée alliée se por-

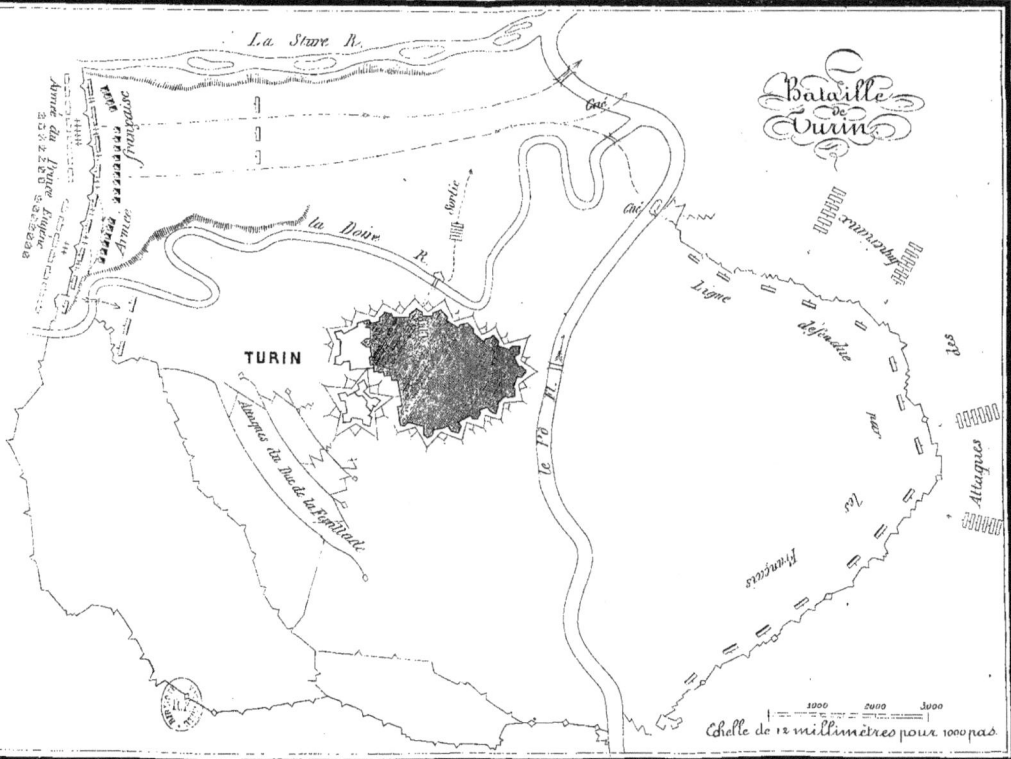

Bataille de Turin

La Stura R.

la Doire R.

Gué

Sortie

Gué

TURIN

le Pô R.

Ligne défendue par les Français

Attaques

Attaques du Duc de la Feuillade

Echelle de 12 millimètres pour 1000 pas

1000   2000   3000

taient sur différents points contre les vastes lignes françaises,
gardées par des forces importantes sur la rive droite du Pô,
le prince Eugène faisait exécuter par le gros de son armée
une attaque de vive force contre la ligne à redans entre la
Doire et la Sture. Après trois assauts vaillamment repoussés
par les Français, l'armée alliée força enfin cette ligne. La
victoire était assurée alors aux Impériaux. L'armée française
d'observation fut refoulée sur plusieurs points; une sortie de
la garnison de Turin l'assaillit à revers et acheva de la cul-
buter; la panique se communiqua à l'armée de siége qui
s'enfuit en désordre. La débâcle fut complète.

Les pertes des Français s'élevèrent à 3,200 tués ou blessés,
sans compter nombre de fuyards qui se noyèrent en voulant
passer sur la rive droite du Pô; plus de 5,000 prisonniers et
un immense matériel de siége tombèrent au pouvoir des
vainqueurs; Marsin fut blessé mortellement et le duc d'Orléans assez gravement. Les alliés eurent 1,000 tués et 2,300
blessés.

Cet échec entraîna pour la France des suites aussi funestes
que ceux de Hochstedt et de Ramillies. Toutes les conquêtes
françaises au delà des Alpes furent perdues.

Tandis que les armées de Louis XIV étaient battues dans
les Pays-Bas et en Italie, seul, Villars combattait sur le Rhin
avec succès. Il avait vis-à-vis de lui le prince de Bade qu'il
força à reculer. Il s'était même déjà emparé de Lauterbourg,
Drusenheim et Haguenau, lorsque la défaite de Ramillies
l'obligea à envoyer une partie de ses troupes à l'armée du
nord; il resta en conséquence sur la défensive.

Le prince de Bade étant mort pendant l'hiver de 1706, le
margrave de Bareith le remplaça dans le commandement

8

Villars, au printemps suivant, ayant reçu des renforts, attaqua le margrave dans les lignes de Stolhoffen, derrière lesquelles étaient retranchés les Allemands, au nombre de 40,000.

Le maréchal de France força ces lignes et se porta rapidement jusqu'à Ulm. Les puissances allemandes ayant demandé en hâte du secours à Marlborough, celui-ci dut dégarnir son armée pour secourir la Bavière menacée, et cette diversion fut des plus heureuses pour la France, dans la situation critique où elle se trouvait.

L'arrivée subite à Philipsbourg de l'électeur de Hanovre, Georges-Louis, plus tard roi d'Angleterre, à la tête de contingents saxons et hanovriens, força Villars à retourner en Alsace.

Dans les Pays-Bas, les Français élevèrent, en 1707, une ligne continue de redoutes entre Mons et la Sambre. A l'abri de cette ligne et de la Sambre, les garnisons de Mons, Charleroi, Namur purent communiquer en sécurité ; de Mons à Condé, puis de là jusqu'à Tournai, la Haine et l'Escaut servaient de barrière naturelle à l'armée française.

Les opérations militaires entre Marlborough et Vendôme furent insignifiantes. Les armées belligérantes, après plusieurs marches et contre-marches, pour se mettre en présence, ne purent se décider à l'attaque.

Le prince Eugène, après ses succès en Italie, projeta d'attaquer la France par la frontière du midi. Il devait être secondé dans cette opération par le duc de Savoie. Il se porta en Provence, dans le but d'assiéger Toulon, arsenal principal des Français dans la Méditerrannée.

Le maréchal de Tessé vint au secours de la place. Des

renforts assez considérables purent y pénétrer, au moment de l'investissement. Cette circonstance et la lenteur que mit le duc de Savoie à rejoindre Eugène, obligèrent ce dernier à renoncer à ses projets.

La France, après six semaines d'occupation, fut délivrée des Impériaux.

Les alliés furent plus heureux à Naples qu'ils enlevèrent au roi d'Espagne, Philippe V.

La France perdit, en 1707, le maréchal de Vauban. Cet illustre ingénieur, dans le cours de sa carrière, fit travailler à trois cents places anciennes, en construisit trente-trois nouvelles, conduisit cinquante-trois siéges et prit part à cent quarante autres actions de guerre.

X.

Campagnes en Espagne de 1704 à 1707. — Campagne du duc de Bourgogne dans les Pays-Bas. — Bataille d'Audenarde. — Convoi dirigé d'Ostende à Lille. — Embuscade de Wynendaele.

On se battait en Europe, depuis trois ans, pour la succession d'Espagne. Cette contrée, malgré son infortune, n'avait point encore vu d'ennemis sur son sol. Le sang coulait au loin pour ses dépouilles, mais elle n'y avait point encore mêlé le sien. Enfin le moment fatal était arrivé pour elle d'avoir sa part de tant de maux.

Le roi de Portugal, amorcé par quelques concessions en Galicie et en Estramadure, ainsi que par le mariage qui lui fut proposé, de sa fille avec l'archiduc Charles, fils de l'empereur Léopold I, ouvrit ses ports, au printemps de 1704, à son gendre futur, aux Anglais et aux Hollandais.

L'archiduc Charles débarqua à Lisbonne avec 12,000 hommes de troupes anglaises et hollandaises commandées par le duc de Schomberg. Les Espagnols et les Français avaient pour chef le duc de Berwick ; ce dernier courut à la rencontre des alliés et s'empara de plusieurs places ennemies sur les deux rives du Tage, telles que Salvatierra, Portalègre et grand nombre de châteaux forts.

Schomberg, mécontent des Hollandais, se retira et fut remplacé par le comte de Galloway, connu auparavant sous le nom de Ruvigny. Galloway, protestant français, était exilé depuis la révocation de l'édit de Nantes.

Au mois d'août 1704, l'amiral anglais Rook se présenta devant le poste important de Gibraltar qui, par une négligence impardonnable, n'avait qu'une garnison tout-à-fait insuffisante (200 hommes au plus). La force de la position permit aux défenseurs de résister pendant trois jours aux bordées de la flotte anglaise et aux efforts de 2,500 Anglais et Allemands, sous les ordres du prince de Hesse-Darmstadt.

L'Angleterre prit possession de ce roc jugé imprenable et elle l'a conservé depuis.

En 1705, Philippe V tenta de reprendre Gibraltar. Il affaiblit son armée de campagne de 8,000 hommes, pour investir la place, tandis qu'une flotte de 50 vaisseaux s'approchait pour seconder les opérations de terre. Les Portugais profitèrent de cette diversion pour reprendre les places perdues l'année précédente. L'amiral Rook défit devant Malaga les flottes française et espagnole.

Le territoire espagnol fut entamé. Valencia et Albuquerque succombèrent, Badajoz fut assiégé ; mais le coup le plus terrible pour Philippe V fut que les alliés portèrent la guerre en Catalogne.

Une flotte hollandaise et anglaise, sous les ordres du comte de Péterborough, conduisit l'archiduc Charles de Lisbonne sur les côtes de Catalogne. La population de cette province, dévouée à la maison d'Autriche, n'attendait qu'une occasion pour se déclarer. Le siége de Barcelone la fournit. Charles entra dans la ville, le 9 octobre 1705, et fut proclamé, par la Catalogne entière, roi des Espagnes, sous le nom de Charles III.

La capitulation de Barcelone fut marquée par un singulier incident. Pendant que Péterborough parlementait à une porte, avec le gouverneur, des cris d'effroi et de désespoir se firent entendre tout à coup dans la ville. « Vous nous trahissez, s'écrie le gouverneur, pendant que nous parlementons de bonne foi. — Non, répond Péterborough, et si quelques-uns, à la faveur de la cessation des hostilités, ont pénétré dans votre ville, il faut que ce soient des Allemands du prince de Darmstadt. Mais laissez-moi entrer avec mes Anglais, je les chasse et je reviens capituler. » Le ton de vérité avec lequel il parle décide le gouverneur, qui fait ouvrir les portes. Tout se passe ainsi que l'a promis Péterborough et celui-ci revient achever la capitulation.

Les provinces de Valence et d'Arragon suivirent l'exemple de la Catalogne.

Philippe, attaqué de toutes parts, était en même temps menacé sur les côtes par les flottes ennemies. Pour résister, il dut disséminer ses forces. Suivi du maréchal français de Tessé, il s'avança en Catalogne et entreprit imprudemment le siége de Barcelone, qu'il fut bientôt obligé de lever. Il ne trouva de sûreté pour ses troupes qu'en les ramenant en Navarre par le Languedoc.

Cependant les désastres sur la frontière du Portugal étaient plus funestes encore. Les Anglais et les Portugais commandés par lord Galloway et le marquis de Las Minas, avaient pris Alcantara, malgré les efforts du maréchal de Berwick et rien ne s'opposait plus à leur marche victorieuse. Coria, Placentia, étaient tombés devant eux. Ciudad-Rodrigo, Salamanque, avaient ouvert leurs portes, Madrid même était devenu leur proie. Galloway et Las Minas y avaient proclamé l'archiduc Charles. C'en était fait de Philippe V, si son heureux rival, secondant l'ardeur de ses braves alliés, fût venu leur donner la main, au centre de l'Espagne. Son inaction, son incapacité sauvèrent Philippe.

Ce dernier qui avait transféré à Burgos les débris de sa monarchie expirante, rejoignit le duc de Berwick, déterminé à vaincre ou à mourir. Fort de tout ce qu'il peut rassembler, il prend poste, à Siguenza, sur les hauteurs qui séparent les deux Castilles. Dès lors sa fortune prend une face nouvelle. Il descend dans la plaine à la rencontre des ennemis qui, à leur tour, l'évitent soigneusement, dans l'attente de l'arrivée prochaine de l'archiduc. Ils évacuent Madrid, et Philippe V rentre dans sa capitale, aux acclamations de tout son peuple.

Cependant l'archiduc arrive enfin, mais si faible, si dénué de vivres, que, loin de risquer une attaque, il se décide à la retraite. Philippe le poursuit, traverse le Tage à Aranjuez et ne s'arrête qu'au Xucar, au delà duquel les ennemis prirent leurs quartiers d'hiver.

En 1708, Louis XIV donna le commandement de l'armée des Pays-Bas à son petit-fils le duc de Bourgogne, auquel il adjoignit le duc de Vendôme. L'armée comptait 80 à 85,000 hommes (121 bataillons, 189 escadrons). L'électeur de Bavière quitta les Pays-Bas et prit le commandement de l'armée du Haut-Rhin.

Marlborough avait rassemblé ses forces, au mois de mai

1708, en avant de Hal. Le parlement anglais lui ayant refusé
un renfort de 10,000 hommes, il s'adressa à l'empereur, le
priant d'envoyer le prince Eugène avec 25,000 hommes.

Le duc de Bourgogne, qui avait son armée près de Mons,
marcha vers Soignies, comme s'il voulait attaquer les alliés.
Il n'en fit cependant rien, et alla camper la droite à Genappe,
la gauche à Braine-l'Alleud, faisant face à Marlborough, qui
s'était établi sur la rive gauche de la Dyle près de Louvain.

Les belligérants restèrent quelques semaines dans leurs
positions. Entretemps le gouvernement français fit faire,
entre Lille et Tournai, les apprêts du siége de Menin. Le duc
de Bourgogne voulut placer son armée entre la Lys et l'Escaut, le front tourné du côté d'Audenarde qu'il se proposait
de bloquer, pendant qu'on ferait le siége de Menin.

Dans cette vue, l'armée française marcha sur Alost, et
franchit l'Escaut, sur des ponts construits pour la circonstance à Gavre, à mi-chemin d'Audenarde à Gand ; arrivée
là, elle fit tête de colonne à gauche, pour achever l'exécution
de ses plans.

Avant de commencer le mouvement, le duc de Bourgogne
avait détaché des troupes contre Gand dont elles s'emparèrent par surprise. D'autre part, les habitants de Bruges
avaient ouvert leurs portes au comte de La Mothe, général
français, qui commandait à Ypres.

Dès que Marlborough eut avis de la marche du duc de
Bourgogne, il quitta Louvain, à la tête de 80 à 85,000 hommes,
(112 bataillons, 180 escadrons) se dirigea sur Vilvorde et
de là sur Anderlecht, près de Bruxelles. Il y fut informé
que l'ennemi se portait vers la Dendre. Aussitôt il se remit
à sa poursuite. Arrivé à Assche, il apprit que les Français
avaient déjà traversé la Dendre. Marchant alors sur Lessines, il continua sa route vers Audenarde et arriva en vue

des Français, le 11 juillet, au moment où ceux-ci opéraient leur passage de l'Escaut, sans s'attendre le moins du monde à trouver les alliés sur leur flanc à Audenarde.

Pendant la marche que nous venons de décrire, les 25,000 hommes de troupes impériales, sous Eugène, étaient arrivés sur la Meuse, et avaient été dirigés par Maestricht sur Bruxelles, tandis qu'Eugène en personne, accompagné seulement d'un faible détachement de cavalerie, avait rejoint Marlborough à Assche.

· L'avant-garde alliée, sous les ordres des généraux Cadogan et Ranzau, traversa l'Escaut sur quatre ponts jetés un peu au-dessous d'Audenarde et s'établit derrière le ruisseau d'Eyne; elle y fit prisonniers un certain nombre d'éclaireurs français. Le duc de Bourgogne soupçonnait si peu la proximité de Marlborough, qu'il s'imagina que ces soldats avaient été pris par la garnison d'Audenarde et qu'il détacha sept bataillons pour prendre possession du village d'Eyne. Ces bataillons furent eux-mêmes attaqués et défaits par Cadogan qui s'empara d'Eyne.

Sur ces entrefaites, l'armée de Marlborough, descendant des hauteurs d'Audenarde, passa l'Escaut et poussa au delà d'Eyne jusqu'au village de Heurne, où elle établit sa droite, tandis que sa gauche s'étendait jusqu'à Wortegem.

Les Français se formèrent, la gauche à Aspre, le centre à Huyse, la droite à Wanneghem, le front couvert par les bords escarpés du ruisseau de Nockere.

Au lieu d'attendre dans cette forte position l'attaque des alliés, le duc de Bourgogne ordonna à une partie de la cavalerie de sa droite de se porter en avant. Ce détachement, parvenu entre les deux ruisseaux, s'arrêta en présence des forces considérables qui se déployaient vis-à-vis de lui. Vendôme ne voulut pas exposer ce corps isolé; il ordonna à d'autres troupes de passer également le ruisseau de Nockere.

Le duc de Bourgogne, mécontent de ce que l'on exécutât un mouvement qu'il n'avait pas ordonné, le fit discontinuer à l'instant.

Ainsi l'armée française perdit un temps précieux en marches et contre-marches et en ordres contradictoires, tandis que les alliés se formaient avec précision sur les positions les plus favorables du champ de bataille.

Une partie des troupes du duc de Bourgogne (30 bataillons), ayant reçu l'ordre de se porter en avant, attaqua avec impétuosité le centre des alliés. Un combat acharné eut lieu sur ce point. Toutes les troupes de la droite française passèrent le ruisseau de Nockere, et même un corps de cette armée parvint à s'établir au hameau de Browaen, près d'Oycke. Malgré une lutte vigoureuse, les Français, qui combattaient sans ensemble, ne purent se maintenir dans leurs positions.

L'action était devenue presque générale, lorsque Marlborough, remarquant que l'aile droite de l'ennemi était en l'air, ordonna au général Overkerque de tourner cette aile avec une forte colonne et de prendre les Français à dos. Ce mouvement s'exécuta, malgré la valeureuse résistance de l'ennemi.

Les fréquentes attaques de front des alliés qui s'avançaient sur le plateau, entre les deux bras du ruisseau d'Eyne, le nombre croissant des troupes prenant les Français à revers du côté d'Oycke, obligèrent ces derniers à battre en retraite par les ravins difficiles du ruisseau de Nockere.

En vain le duc de Vendôme essaya-t-il de faire avancer la gauche française laissée sur la rive gauche du ruisseau de Nockere. Les alliés étaient déjà tellement proches qu'il fallut renoncer à ce projet,

Il faisait tout à fait nuit lorsque les Français quittèrent le champ de bataille en grand désordre. L'obscurité empêcha la poursuite. La retraite se fit dans différentes directions, mais principalement sur Gand. Un corps français de 9,000 hommes, à la faveur de la nuit, traversa une partie non occupée de la ligne alliée et se réfugia à Courtrai.

Les alliés eurent 2,000 tués, 4,000 blessés; les Français 4,000 tués, 2,000 blessés et laissèrent 7,000 prisonniers.

La défaite des Français peut être attribuée :

1° au désordre qui existait dans leurs troupes, après le passage de l'Escaut (1) ;

2° aux ordres contradictoires, donnés par le duc de Bourgogne et le duc de Vendôme, qui augmentèrent la confusion;

3° au manque d'ensemble dans les opérations pendant la bataille.

Le duc de Bourgogne rallia son armée derrière le canal entre Bruges et Gand et s'y retrancha.

Marlborough, après la victoire d'Audenarde, marcha sur Menin, traversa la Lys, dans le voisinage de cette place, et, forçant les lignes de Commines, entre la Lys et l'Yperlée, lignes qu'il fit raser dans la suite, alla prendre position à Wervick, pour être à portée de Lille dont il avait résolu d'entreprendre le siége.

---

(1) Les têtes de colonne se trouvaient, dit Saint-Simon, vivement chargées en arrivant, et doublant et s'étendant à côté des autres qu'elles renversaient souvent, elles les réduisaient par le désordre de l'arrivée, à se rallier derrière elles, c'est-à-dire derrière d'autres haies, parce que la diligence avec laquelle nos troupes s'avançaient, jointe aux coupures du terrain, causait une confusion dont elles ne pouvaient se débarrasser... Le désordre augmentait de moment en moment; personne ne reconnaissait sa troupe ; toutes étaient pêle-mêle, cavalerie. infanterie, dragons; pas un bataillon, pas un escadron ensemble, et tous en confusion les uns sur les autres.

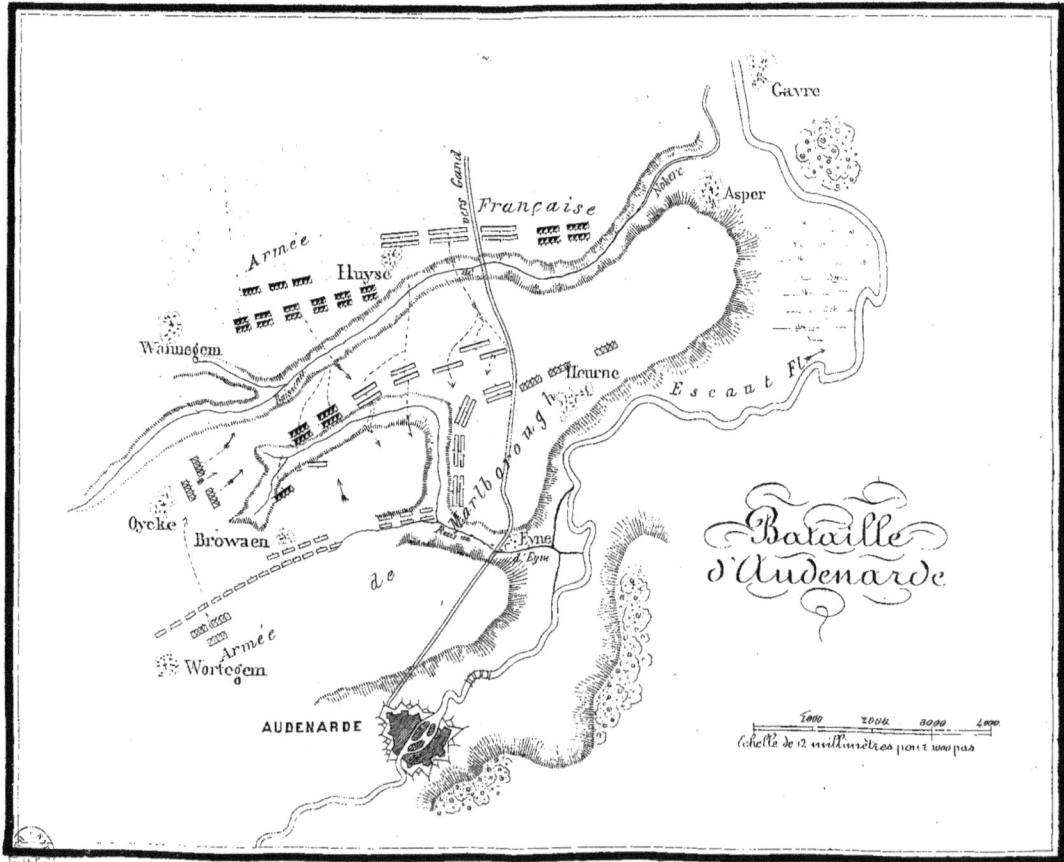

Bataille
d'Audenarde

Gavre

Asper

Armée Française

Huyse

Wannegem

Heurne

Escaut Fl.

Oycke

Browaen

Eyne
d'Eyne

de

Armée

Wortegem

AUDENARDE

Echelle de 12 millimètres pour 1000 pas

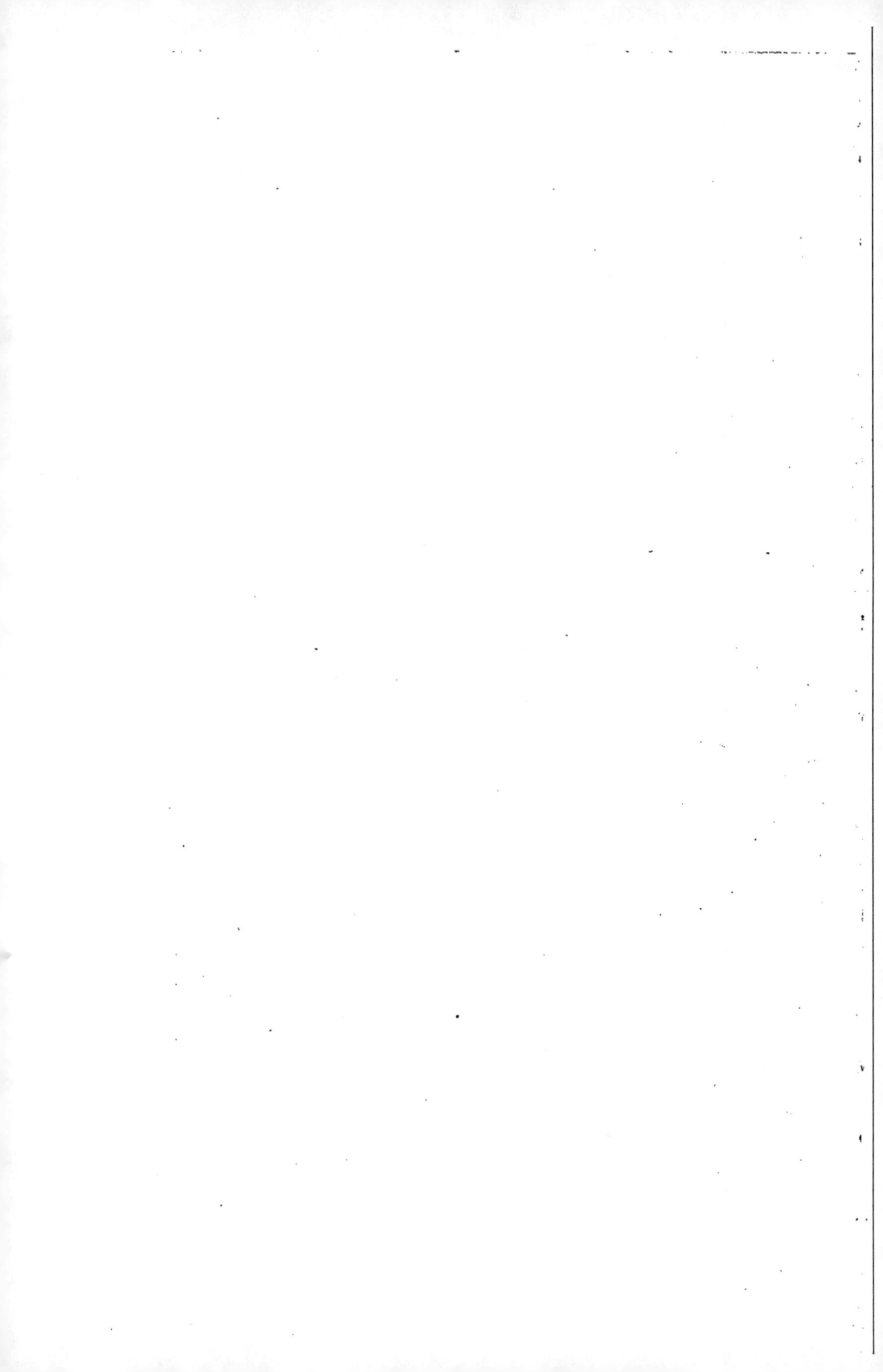

Les 25,000 hommes de troupes impériales du prince Eugène, laissés à Bruxelles, furent désignés pour escorter l'artillerie nécessaire au siége de Lille. Le convoi se dirigea par Hal, Soignies et Ath sur Espierres, où Marlborough vint à sa rencontre avec 60 bataillons et 100 escadrons.

Le prince Eugène, avec 54 bataillons, 60 escadrons, investit Lille, au mois d'août 1708.

C'était une entreprise hardie que le siége de cette ville, en tenant compte des positions respectives des deux armées et de la nécessité de tirer les convois de subsistances et de munitions de Bruxelles et d'Ostende. Les Français étaient maîtres de Gand et de Bruges ; entre ces deux villes se trouvait leur armée, dont les vides avaient été comblés au moyen des troupes du comte de la Mothe, et qui comptait à peu près le même effectif qu'avant la défaite d'Audenarde ; Nieuport et Ypres étaient aussi au pouvoir des Français, ce qui assurait à ceux-ci la navigation sur l'Yperlée ; enfin les troupes alliées à Ostende ne pouvaient communiquer que très-difficilement avec l'armée de Marlborough, à cause de la proximité des garnisons françaises de Bruges et de Nieuport.

Lille était défendu par des forces respectables : 23 bataillons et 3 régiments de dragons ; de plus le gouvernement français, dès qu'il eut appris l'arrivée du corps du prince Eugène en Belgique, avait détaché de l'armée du Rhin 44 bataillons et 65 escadrons, sous les ordres du duc de Berwick qui s'était porté derrière Mons, Condé et Tournai.

Le prince Eugène commença néanmoins le siége de Lille avec vigueur. Les Français résolurent de réunir leurs forces pour secourir la place. A cet effet, le duc de Bourgogne et le maréchal de Berwick se rejoignirent entre Grammont et Lessines. Leurs armées combinées fortes de 140 bataillons,

250 escadrons, 200 bouches à feu, marchèrent de Lessines sur Tournai et de là vers Lille.

Marlborough se réfugia derrière la Marque, dans la courbe que forme ce petit affluent de la Deule autour de Lille. Les Français ayant essayé de tourner la position, en remontant la Marque jusqu'à sa source, Marlborough marcha parallèlement à eux, établit sa droite à Noyelles sur la Deule, sa gauche à Fretin, et s'y retrancha.

Le duc de Bourgogne demeura plusieurs jours en face de cette position et envoya chercher de la grosse artillerie à Douai, pour détruire les retranchements. Mais n'ayant pas réussi dans sa tentative, il se porta sur la rive droite de l'Escaut, entre Audenarde et Tournai, pour empêcher qu'aucun convoi de munitions ou de subsistances pût parvenir de Bruxelles à Lille. Deux de ces convois venaient précisément d'arriver intacts dans les lignes du prince Eugène, pendant que le duc de Bourgogne se trouvait en présence de Marlborough.

Aussitôt que le duc de Bourgogne eut effectué son mouvement vers l'Escaut, Marlborough se porta à Roncq, à trois quarts de lieue de Menin et à environ deux lieues et demie de Lille. Il était ainsi à même de retourner derrière la Marque, si les Français menaçaient de se rapprocher de nouveau de la place assiégée. Comme d'autre part il se trouvait aussi sur la route d'Ostende, à treize lieues de cette ville dont il comptait tirer maintenant les convois d'approvisionnements nécessaires au siége de Lille, il put pousser un corps en avant à Thourout pour protéger ces transports.

Afin d'empêcher le passage des convois expédiés d'Ostende, le duc de Bourgogne envoya à Bruges le comte de la Mothe avec 34 bataillons, 63 escadrons.

Les Français étant maîtres de Plasschendaele, au point de jonction du canal de Nieuport avec celui de Bruges à Ostende, aucun convoi ne pouvait, semblait-il, s'avancer en sécurité. Il en passa un cependant, grâce à l'habileté de ceux qui furent chargés de sa conduite.

Ce convoi quitta Ostende, le 28 septembre 1708, défila derrière le canal entre Ostende et Nieuport jusqu'à Leffinghe, d'où il se dirigea par Cappelle-Saint-Pierre, Couckelaere et Hooglede sur Roulers.

Marlborough, avec un corps considérable, se rendit à Roulers et poussa en avant sur Thourout le général Webb avec 18 bataillons, 500 chevaux.

Le convoi devait passer sur la gauche de Thourout, de sorte que le général Webb se trouva entre sa route et Bruges où était le comte de la Mothe. On avait aussi posté 3 bataillons alliés au village d'Oudenbourg, non loin d'Ostende, afin de contenir les Français établis à Plasschendaele, et d'empêcher qu'ils ne donnassent avis de la marche du convoi.

Cependant le comte de la Mothe, ayant été informé des projets de l'ennemi, quitta Bruges, le 28 septembre, dans le but d'intercepter le convoi. Il se porta à Moerdyck, sur la route d'Ostende à Thourout, et resta dans cette position. Il apprit bientôt que le convoi venait de passer sur sa gauche et se hâta alors de le poursuivre.

Le général Webb, ayant été instruit de la marche du comte de la Mothe, par une patrouille de cavaliers, fit avec beaucoup d'habileté et de promptitude les dispositions nécessaires pour le recevoir. Il conduisit ses troupes à Wynendaele, sur la route de Thourout, et les plaça en arrière d'une ouverture entre deux bois, dans chacun desquels il eut soin de mettre un bataillon en embuscade.

Les Français s'avancèrent en colonne dans l'ouverture. Le

feu qu'ils essuyèrent tout à coup et sans s'y attendre, sur l'un et l'autre flanc aussi bien qu'en face, les jeta dans une grande confusion, et ils se retirèrent aussitôt. Leurs dragons vinrent ensuite très-mal à propos tenter le passage et perdirent grand nombre d'hommes dans une entreprise qui n'offrait aucune chance de succès.

Le comte de la Mothe n'essaya point de tourner le général Webb. Rien ne prouve d'ailleurs qu'il y eût réussi, puisqu'il aurait dû faire un détour considérable, pendant lequel le général Webb se serait mis sans doute en mesure de résister en changeant de front. Au surplus, malgré sa supériorité numérique, le général français ne poursuivit pas cette affaire. Ignorant les forces réelles de Webb et craignant l'arrivée de Marlborough, il se retira sur Bruges.

Les Français perdirent dans cette embuscade 3,500 hommes; les alliés 900.

Le duc de Vendôme, irrité du passage du convoi, quitta l'Escaut, vint reprendre le commandement du comte de la Mothe et fixa son quartier-général à Oudenbourg. Marlborough s'avança jusqu'à Thourout pour l'attaquer. Mais Vendôme se retira derrière le canal de Bruges à Ostende, et le général anglais retourna à Roulers.

Cependant les Français, maîtres de Nieuport, parvinrent à couper toutes les communications avec Ostende, à l'aide des écluses de mer de la première de ces places. Ils couvrirent ainsi d'inondations profondes le pays environnant. On fit encore partir un ou deux convois par bateaux, mais les Français ayant établi sur les inondations une petite flottille de barques armées, toute expédition ultérieure devint impossible.

Le village de Leffinghe, entouré d'eau, fut attaqué et pris ;
les alliés y perdirent 1,200 soldats.

Sur ces entrefaites, le siége de Lille était continué vivement. Après soixante-deux jours, la ville se rendit. La défense avait été dirigée par le duc de Boufflers. Celui-ci se
retira dans la citadelle qui fut aussitôt attaquée.

XI.

Opérations dans les Pays-Bas en 1708 et 1709. — Passage de l'Escaut
par l'armée de Marlborough. — Louis XIV demande la paix. — Bataille
de Malplaquet. — Siége de Mons par le prince d'Orange.

L'électeur de Bavière, encore gouverneur des Pays-Bas
espagnols, avait quitté depuis quelque temps l'armée du
Rhin et avait demandé à pouvoir attaquer Bruxelles. Il partit
de Mons avec 15,000 hommes et arriva devant Bruxelles au
mois de novembre 1708. Aussitôt il fit établir des batteries
entre les portes de Louvain et de Namur.

Marlborough résolut de marcher au secours de Bruxelles.
Il lui fallait pour cela passer l'Escaut, et on se souvient que
l'armée française occupait la rive droite de ce fleuve depuis
Tournai jusqu'à Audenarde.

Les Français étaient si convaincus qu'il serait impossible
aux alliés d'opérer le passage, que le duc de Vendôme écrivit
à Louis XIV, la veille de l'arrivée de Marlborough sur l'Escaut, qu'il se faisait fort de le repousser.

L'armée de Marlborough passa la Lys à Courtrai et partit de
cette ville en deux colonnes. La colonne de gauche eut ordre

de passer l'Escaut à Gavre, de tourner à droite et d'attaquer sur-le-champ tous les corps français qu'elle rencontrerait sur les hauteurs au delà d'Audenarde. La colonne de droite dut passer au-dessus d'Audenarde, à Kerkhove, puis tourner à gauche, immédiatement après son passage, et se réunir au-dessus d'Audenarde à la colonne de gauche. Le prince Eugène devait quitter Lille, après y avoir laissé des forces suffisantes pour continuer le siége de la citadelle et passer l'Escaut sur la droite de Marlborough à Escanaffles.

La marche des colonnes fut calculée de manière à les faire arriver toutes au point de concentration, le 27 novembre, avant l'aurore. Enfin, comme dernière mesure, la garnison d'Audenarde reçut ordre de faire une sortie au même moment, en ne laissant que le monde nécessaire pour garder la place, et d'attaquer tous les corps français qu'elle trouverait sur les hauteurs environnantes.

La marche des deux colonnes de Marlborough se fit avec un plein succès; elles se réunirent sur les hauteurs au-dessus d'Audenarde, ainsi qu'on se l'était proposé. La colonne du prince Eugène, qui voulait passer à Escanaffles, y trouva l'ennemi en force. Eugène descendit le long de la rive gauche et vint traverser le fleuve sur les traces de la colonne de droite de Marlborough. L'opération se trouva ainsi achevée et l'armée se concentra sur la rive droite de l'Escaut, au-dessus d'Audenarde.

Les Français se retirèrent, partie à Gand, partie à Tournai. Le prince Eugène retourna à Lille. Marlborough marcha sur Bruxelles par Alost. Il n'eut pas l'occasion d'aller plus loin, l'électeur de Bavière, à l'annonce de son arrivée, s'étant déjà replié sur Mons.

La citadelle de Lille, qui résistait depuis quatre mois, se rendit le 9 décembre 1708 (1).

Le siége de Gand par Marlborough termina la campagne. Le comte de la Mothe, qui, avec un renfort, s'était jeté dans cette place, au moment de l'investissement, capitula au bout de six jours et obtint pour lui et sa troupe de se retirer en armes à Tournai.

Peu de jours après, Bruges, Plasschendaele et Leffinghe capitulèrent à leur tour.

Le général Overkerke, qu'on peut appeler le bras droit de Marlborough, mourut en 1708.

Aux revers qui depuis quelques années accablaient les armées françaises, vinrent s'ajouter les misères causées par l'hiver si rigoureux de 1708 à 1709. La France était épuisée par la disette et tous les maux de la guerre. Louis XIV offrit la paix. Mais les conditions imposées par les alliés lui semblèrent trop dures, car on ne lui demandait rien moins que l'abdication de son petit-fils Philippe V, roi d'Espagne. Aussi, malgré sa détresse, Louis refusa : « Puisqu'il faut faire la » guerre, dit-il dans son conseil, j'aime mieux la faire à mes » ennemis qu'à mes enfants. »

Dans cette circonstance, il semble que le grand Roi, dominant ses chagrins pour mettre toute sa confiance dans le succès de ses armées, ait voulu justifier, par sa conduite, cette anagramme réellement curieuse : *Louis quatorzième, roi*

---

(1) Anquetil raconte à ce sujet que lorsque Boufflers n'eut plus pour subsister qu'un quartier de cheval, il invita le prince Eugène à venir le partager avec lui.

de France et de Navarre = Va, Dieu confondra l'armée qui osera te résister !

Au mois de juin 1709, l'armée alliée se réunit, à peu de distance de Lille, du côté du midi, entre la Marque et la Deule, presque sur le terrain même où Marlborough s'était retranché, l'année précédente, pour résister au duc de Bourgogne. Mons, Condé, Douai, Bethune, St-Venant et Aire, ainsi que les cours d'eau reliant ces villes, formaient, devant le front des alliés, une barrière derrière laquelle le maréchal de Villars, à qui Louis XIV avait confié la défense du royaume, rassembla l'armée française. Il établit son camp dans une position centrale, par rapport aux différents points de cette ligne, et le fortifia avec grand soin.

Marlborough alla faire le siége de Tournai. Il ouvrit la tranchée, le 7 juillet 1709, et dirigea trois attaques contre la place : la première contre la partie de l'enceinte entre la citadelle et l'Escaut ; la deuxième sur l'autre rive du fleuve et la dernière sur la route de Courtrai. La ville se rendit le 28 juillet et la citadelle le 5 septembre. Le prince Eugène commandait l'armée d'observation placée entre Tournai et l'armée française.

Pendant les opérations du siége, Villars avait travaillé par tous les moyens en son pouvoir à fortifier sa ligne de défense au moyen de retranchements et d'inondations. Mais Marlborough, après la chute de Tournai, marcha rapidement par sa gauche et ayant traversé la Haine au-dessus de Mons, il tourna la position de Villars et rendit de la sorte inutiles tous les travaux de celui-ci.

Villars, de son côté, marcha en dedans de ses lignes vers Mons jusqu'à Malplaquet. La position qu'il choisit ne pouvait être plus favorable. Sur sa gauche, le bois épais de Blangies et de Taisnières barrait tout l'intervalle qui séparait l'armée française de la Haine ; sur sa droite, un autre bois s'étendait jusque près de Maubeuge ; l'ouverture ou le passage qu'il eut à occuper n'avait pas une trop grande largeur ; le terrain présentait une arête entre les deux bois et descendait en pente vers l'ennemi. Quantité d'arbres se trouvaient sous la main, propres à être transformés en abatis ou autres défenses accessoires qui furent combinées avec des retranchements sur la lisière inférieure du bois de Blangies et sur l'ouverture entre les deux bois.

Les alliés vinrent camper en face des Français suivant une ligne dont le centre était à Blaregnies, la droite vers Frameries, la gauche vers la route de Bavai à Maubeuge. Ils restèrent pendant deux jours dans cette position, dans l'attente d'un corps de 19 bataillons, 10 escadrons, laissé à Tournai. Villars profita de ce délai pour faire achever ses retranchements.

Après une reconnaissance faite, le 10 septembre, par Marlborough et Eugène, il fut décidé par ces deux généraux de livrer bataille le lendemain et de ne diriger contre l'aile gauche de l'ennemi que des fausses attaques, tandis qu'on opérerait vigoureusement contre l'aile droite ; le général Withers, commandant le corps venant de Tournai, devait tourner la gauche des Français en traversant les bois de Blangies et de Taisnières.

Le 11 septembre 1709, au matin, par un brouillard épais, les alliés, avec 129 bataillons, 252 escadrons, 105 bouches à feu, attaquèrent l'armée française forte de 130 bataillons, 260 escadrons, 80 bouches à feu, soit environ 110,000 hommes, chiffre un peu inférieur à celui de l'armée de Marlborough.

L'infanterie française ainsi que l'artillerie garnissaient les retranchements; la cavalerie était en seconde ligne.

Villars se tint à l'aile gauche de son armée; le marquis de Boufflers, qui s'était mis volontairement sous ses ordres, dirigea l'aile droite. Eugène s'opposa au premier et Marlborough au second.

Dès que le brouillard se fut un peu dissipé, les attaques se dessinèrent; l'armée des alliés prit position en face des retranchements occupés par les Français. A l'aile gauche, le prince d'Orange, commandant l'infanterie hollandaise, se porta en avant, fut rudement accueilli et obligé de reculer. Au centre, l'attaque fut aussi impétueuse que la résistance fut énergique. L'aile droite des alliés pénétra dans le bois, le traversa, délogea l'ennemi de ses retranchements avancés et fit reculer la gauche française.

De ce dernier côté, Villars reprit vigoureusement l'offensive, à la faveur d'un corps d'infanterie qu'il tira du centre; il repoussa dans le bois l'aile droite alliée, mais dans l'action il fut grièvement blessé au genou, d'un coup de feu. Quelque temps encore il put commander, assis sur une chaise, mais une défaillance obligea de le transporter au Quesnoy, loin du champ de bataille. Le commandement en chef échut alors à Boufflers.

L'aile droite française résista non-seulement avec avantage, mais elle infligea des pertes immenses à l'infanterie hollandaise, à la tête de laquelle le prince d'Orange combattait avec une valeur admirable.

Les alliés s'étant aperçus que les retranchements du centre ennemi avaient été dégarnis pour soutenir la gauche si vivement pressée, Eugène ordonna en conséquence de ce côté une attaque générale et décisive.

Après une lutte des plus chaudes, les retranchements

Bataille de Malplaquet

Frameries

Bois de Blangies

Blangies

Athis

Sart

Bois de Taisnières

Blaregnies

Quevy

Mons

avant la Bataille

à Maubeuge

Malplaquet

Taisnières

Route de Bavai

Légende

Troupes Françaises (in[fla]
id Alliées, id. id.

Abatis
Fortifications

Echelle de 50 millimètres pour 1000 pas
1000   2000   5000   1000

furent enlevés; l'infanterie des alliés s'y établit pour soutenir par son feu l'action de la cavalerie; le centre des Français plia. et une charge de la grosse cavalerie allemande y fit une trouée de façon à séparer entièrement les deux ailes.

Le maréchal de Boufflers, voyant que le centre de son armée était enfoncé, que l'aile gauche se repliait vers Athis et apprenant en même temps que l'aile droite venait de céder aux efforts réitérés du prince d'Orange, ordonna la retraite. L'aile gauche se retira sur Quiévrain et Valenciennes, l'aile droite sur Bavai et Maubeuge.

La retraite des Français s'opéra avec tant d'ordre, que très-peu de prisonniers et de pièces tombèrent au pouvoir des alliés.

Les pertes totales des Français, dans cette mémorable bataille, sont estimées de 12 à 14,000 hommes. La victoire fut chèrement payée par les alliés, car la lutte eut lieu, de part et d'autre, avec un acharnement sans pareil, et les retranchements qui couvraient les Français ne purent être abordés qu'au prix de pertes énormes. On peut fixer à environ 20,000 le nombre des alliés tués et blessés.

« Si Dieu nous fait la grâce de perdre encore une pareille bataille, écrivit Villars à Louis XIV, Votre Majesté peut compter que ses ennemis sont détruits. »

Après la journée de Malplaquet, Marlborough entreprit le siége de Mons. Il confia cette opération au jeune prince d'Orange, Jean-Guillaume de Nassau-Dietz-Frison, qui venait de se distinguer à Malplaquet par une bravoure incomparable. On le vit, en effet, au fort du combat porter lui-même ses drapeaux sur les retranchements français pour y ramener son infanterie. Il voulait, suppose-t-on, par quelque action d'éclat, obtenir le rétablissement du stadhoudcrat, aboli par la défiance républicaine, à la mort de Guillaume III.

Mons ne tint qu'un mois. La ville avait été attaquée par les hauteurs de Berlaimont et le front d'Havré.

Pendant le siége, l'armée française resta sur la défensive entre le Quesnoy, Bavai et Maubeuge. Le maréchal de Berwick, qui avait rejoint l'armée française après la bataille de Malplaquet, construisit près de Maubeuge un camp retranché dont le plan était habilement conçu.

Après la prise de Mons (23 octobre 1709), les alliés se retirèrent à Gand, Bruges, Bruxelles et Louvain.

Au mois d'avril 1710, Marlborough partit de Tournai pour assiéger Douai. Il s'empara de cette dernière ville, ainsi que de Bethune. Le prince d'Orange prit Saint-Venant et le prince d'Anhalt s'empara d'Aire.

Pendant le siége de Douai, Villars avait quitté Cambrai pour se rendre à Arras, et marcher au secours de la place assiégée ; cependant il ne jugea pas à propos d'attaquer Marlborough. D'autre part, la position de Villars ne permit pas au général anglais d'assiéger Arras, opération que, dans toute autre circonstance, il eût sans doute entreprise pour se rapprocher de la vallée de la Somme, comme il en avait le dessein.

XII.

Campagnes en Espagne de 1707 à 1710. — Opérations dans les Pays-Bas en 1711. — Prise de Bouchain. — Départ de Marlborough. — Investissement de Landrecies.— Affaire de Denain. — Paix d'Utrecht. — Traité de la Barrière. — Mort de Louis XIV.

La fortune qui s'était montrée favorable aux armes de Philippe V, en Espagne, vers la fin de 1706, lui fut fidèle pendant toute l'année 1707.

L'armée confédérée des Anglais, Allemands, Hollandais et Portugais était cantonnée sur les frontières des provinces de Valence et de Murcie. Elle était commandée par lord Galloway et le marquis de Las Minas. Les armées espagnole et française, sous le duc de Berwick, observaient de près tous les mouvements de l'ennemi.

Une rencontre eut lieu dans les plaines d'Almanza, sur les confins du royaume de Valence. Les deux armées s'attaquèrent avec intrépidité. Les Espagnols restèrent maîtres du champ de bataille, après un combat opiniâtre et sanglant. Des corps entiers de Portugais, d'Anglais et de Hollandais furent forcés de rendre les armes. Ils perdirent 18,000 hommes, tant morts que blessés ou prisonniers. Les munitions, bagages et vivres tombèrent aux mains du vainqueur. Philippe dut en grande partie à cette victoire la conservation de son royaume. Aussi fit-il élever sur le champ de bataille une pyramide destinée à en perpétuer le souvenir.

L'affaire d'Almanza offre une circonstance bien bizarre. Elle est gagnée, en Espagne, par un réfugié anglais (de Berwick était fils naturel de Jacques II et d'Arabella Churchill, sœur de Marlborough), commandant les Français, sur un réfugié français (Ruvigny, devenu lord Galloway), commandant les Anglais. Galloway et Las Minas y furent blessés.

Le duc d'Orléans, chef des troupes françaises en Italie, quitta ce commandement pour prendre celui de l'armée d'Espagne. Il n'arriva qu'après la victoire d'Almanza. Aussitôt il divisa les forces combinées des Espagnols et des Français en trois corps, dont le premier, commandé par Berwick, soumit le royaume de Valence ; le deuxième, sous le chevalier d'Asfeld, le royaume de Murcie ; le duc, à la tête du troisième corps, se réserva la conquête de l'intérieur et de la Catalogne. Il prit Calatajud, entra dans Saragosse, s'em-

para de Balaguer et termina cette campagne par la prise de
Lérida, ville réputée imprenable et qui était le dépôt de
grandes richesses.

Philippe V et sa cour rentrèrent à Madrid.

En 1708, le duc d'Orléans prit Tortose, malgré la présence
de Stharemberg, général de l'archiduc Charles.

La campagne de 1709 présente peu d'intérêt; les deux
rivaux laissés à leurs propres forces étaient trop faibles pour
se porter de grands coups. L'archiduc était à Barcelone, Philippe V à Madrid ; leurs généraux s'observaient ; Stharemberg
cependant reprit Balaguer et lord Galloway fut battu près de
Badajoz par le marquis du Bay, commandant les Espagnols.

A cette époque, le duc d'Orléans n'était plus à la tête des
troupes françaises. Il avait noué des intrigues avec quelques
Grands d'Espagne; aussi Philippe V n'avait plus voulu accepter ses services.

La guerre languissait depuis deux ans. Tout à coup elle se
ranima avec fureur; mais heureusement ce fut le dernier
éclat d'un feu qui s'éteint.

L'armée espagnole abandonnée à ses propres moyens, sous
les ordres du marquis de Villadarias, était en proie aux plus
cruelles dissensions. Philippe, dans l'espoir de se rallier les
esprits, vint la commander en personne. Il essaya inutile-
ment de reprendre Balaguer. Stharemberg obtint sur lui un
premier avantage à Almenara, et remporta à Saragosse une
victoire complète. Du Bay, qui avait remplacé Villadarias,
commandait dans cette journée malheureuse qui faillit pré-
cipiter Philippe V de son trône.

Stharemberg conduisit l'archiduc victorieux. Ils traversèrent les deux Castilles sans obstacle, entrèrent dans Madrid, s'emparèrent de Tolède et descendirent en triomphe la rive septentrionale du Tage, dans l'espoir d'être rejoints par les Portugais et de terminer d'un coup la guerre.

Philippe paraissait perdu sans retour. Il s'était réfugié à Valladolid, sans troupes, sans argent.

Louis XIV, presque aussi malheureux que lui, ne pouvait lui être d'aucun secours. La situation était désespérée. La fidélité des Espagnols et l'heureuse étoile de Philippe sauvèrent ce dernier. Les Grands d'Espagne demandèrent à Louis XIV le secours de Vendôme. La présence de cet éminent général changea la face des choses.

Une ardeur nouvelle ranima tous les esprits et la confiance revint dans les cœurs. On courut en foule sous les drapeaux; l'enthousiasme fut universel. Vendôme en profita pour conduire Philippe droit au Tage, afin de prévenir la jonction des Portugais avec Stharemberg. Mais ce dernier, qui était venu jusqu'à Talaveyra de la Reyna, las d'attendre les Portugais que Du Bay retenait chez eux, manquant de vivres, craignant pour ses derrières, avait déjà pris le parti de la retraite vers l'Arragon.

Vendôme le poursuivit en toute hâte. Philippe rentra dans Madrid en triomphe, Vendôme traversa le Henares, fondit sur l'arrière-garde des ennemis, commandée par Stanhope, l'enveloppa à Brihuega et la pressa si vivement qu'il l'obligea à se rendre avec 5,000 hommes. Stharemberg, sur ces entrefaites, était déjà dans les gorges des montagnes avec le gros de son armée battant en retraite. Lorsqu'il fut averti du danger que courait Stanhope, il accourut dans la plaine pour le dégager, mais il était trop tard et il fut même obligé d'accepter le combat à Villa-Viciosa. L'action fut des plus vives et longtemps incertaine. Enfin les alliés furent mis en déroute par l'aile droite de l'armée castillane et le désordre fut jeté dans leur centre par de brillantes charges de cavalerie. Stharemberg laissa 4,000 morts et 6,000 blessés ou prisonniers ; le reste se sauva à la faveur de la nuit.

La campagne n'avait duré que deux mois.

Cette victoire fixa la couronne sur la tête de Philippe, détruisit les espérances de son rival et termina la guerre.

C'est après cette bataille que Philippe, fatigué, car il n'avait pu se déshabiller depuis trois jours, demanda un lit, et n'en trouvant pas, Vendôme fit amonceler les drapeaux ennemis et les lui indiqua comme le lit le plus doux et le plus digne d'un roi.

Louis, le grand dauphin de France, mourut le 14 avril 1711. Le 17 avril de la même année, la mort frappa également l'empereur Joseph. Son frère Charles, compétiteur de Philippe V au trône d'Espagne, lui succéda, sous le nom de Charles VI.

Dans les Pays-Bas, en 1711, les Français restèrent strictement sur la défensive, en prenant pour barrière la Canche, depuis la mer jusqu'à sa source, puis une ligne de retranchements de la Canche à la Scarpe ; ensuite cette rivière jusqu'au point où de nouveaux retranchements la reliaient avec la Sensée ; l'Escaut continuait la ligne entre Bouchain et Valenciennes. On construisit de plus des lignes entre Maubeuge et le Quesnoy, lignes qui furent prolongées de là à l'Escaut, en arrière de Valenciennes ; les routes et les ponts furent détruits ; les retranchements, les redoutes, les inondations, les abatis furent employés partout où ils purent l'être avec apparence d'utilité. Dans cette circonstance, les Français montrèrent une prodigieuse activité,

Le duc de Marlborough réunit son armée en avant de Douai. Villars, à la tête de la sienne, alla camper en face de lui, derrière ses lignes ; son quartier-général était à Oisy. Marlborough se porta par sa droite, comme s'il voulait forcer la ligne de défense ennemie, entre la Scarpe et la Canche. Villars marcha parallèlement à lui vers le point menacé ; mais tout à coup, dans la nuit du 4 août, Marlborough retourna sur ses pas à marches forcées et traversa la Sensée à Aubencheul-au-Bac, avant que les Français eussent pu s'opposer à ce passage.

Le général anglais se posta, la droite à la Sensée, la gauche à l'Escaut, Bouchain à dos ; l'armée française prit position, la gauche à Marquion, la droite à l'Escaut.

Marlborough résolut de s'emparer de Bouchain avant toute opération ultérieure. Il traversa l'Escaut, en marchant par sa gauche, poussa celle-ci en avant jusqu'à Haspres sur la Selle et plaça sa droite à Iwry sur l'Escaut.

Le général Fagel fut détaché avec un corps considérable de troupes alliées pour investir Bouchain par la rive gauche de l'Escaut.

Villars s'avança contre Bouchain, sur le terrain entre la Sensée et l'Escaut. L'armée de Marlborough était maintenant séparée en deux corps distincts par Bouchain et par l'Escaut, et l'armée française, presque égale en nombre à ces deux corps réunis, les menaçait à portée de canon. Il fallut donc prendre les plus grandes précautions pour empêcher Villars de les attaquer l'un après l'autre.

Marlborough se retrancha avec un soin extrême. Fagel en fit autant. Le premier sur une étendue de deux lieues et demie, le second sur un parcours de sept quarts de lieue. Une ligne continue fut de plus érigée sur une longueur de

trois lieues et demie, depuis le camp de Fagel jusqu'à Marchiennes, sur la Scarpe, dans le but d'assurer la marche des
convois tirés de cette dernière ville.

La résistance de Bouchain dura près d'un mois. La reddition se fit presque sous les yeux de l'armée française postée
entre l'Escaut et la Sensée.

Tel fut le dernier exploit de Marlborough dans les Pays-
Bas. Ce grand capitaine dont la carrière militaire offre
l'exemple de tant de faits d'armes glorieux, fut disgracié par
suite d'intrigues et remplacé dans son commandement.

Le jeune prince d'Orange, en retournant en Hollande,
après la campagne de 1711, périt au passage du Moerdyck,
dans le Hollandsch Diep. Il laissa un fils posthume, Guil-
laume-Charles-Henri-Frison, dont descend la famille qui
règne aujourd'hui en Hollande.

Le prince Eugène reprit le commandement de toutes les
armées alliées en Flandre, en 1712. Le duc d'Ormond fut mis
à la tête du contingent anglais.

Les hostilités commencèrent par la prise du Quesnoy par
le général Fagel.

Cette année, la mort frappa cruellement encore la famille
de Louis XIV. Son petit-fils, le duc de Bourgogne, mourut
le 12 février 1712; la femme et l'enfant de ce dernier mouru-
rent quelques jours plus tard.

Louis XIV, accablé de toutes les manières, désirait ardem-
ment la paix. Des négociations furent entamées à ce sujet
entre la France et l'Angleterre. En conséquence le duc d'Ormond et l'armée anglaise se séparèrent de leurs alliés, dans

le courant de 1712, et le roi de France remit Dunkerque aux Anglais comme gage de la sincérité de ses intentions.

Malgré la perte du contingent britannique, fort de 18,000 hommes, le prince Eugène poursuivit ses opérations en investissant Landrecies.

Pendant le siége de Bouchain, dans la campagne précédente, le duc de Marlborough avait fait, ainsi que nous l'avons dit, de Marchiennes sa place de dépôt, à cause des facilités que présentait cette ville pour les transports par eau venant de Hollande et d'Anvers.

Eugène, pendant le siége de Landrecies, continua à tirer ses approvisionnements de Marchiennes ; il dissémina son armée derrière l'Écaillon, depuis Landrecies jusqu'au confluent de cette rivière avec l'Escaut, près de Denain, et entre Denain et Marchiennes, derrière une ligne de retranchements.

Villars, à l'instigation du marquis de Montesquiou, résolut d'exécuter un plan de campagne hardi. Il se proposa d'attaquer les alliés dans Denain, avant qu'ils pussent recevoir le moindre secours d'Eugène ; puis de tomber rapidement sur Marchiennes, pour s'y emparer des immenses approvisionnements de l'ennemi.

Il donna en conséquence des ordres succincts, comme s'il allait délivrer Landrecies ; des ponts furent construits sur les cours d'eau devant l'armée française de ce côté ; les travailleurs se dirigèrent vers la place investie par les alliés et tous les mouvements des troupes françaises furent faits en vue de tromper l'ennemi sur le but réel des opérations.

Eugène tomba dans le piége. Persuadé qu'il allait être attaqué sous Landrecies, il avait fait rapprocher de cette ville l'armée d'observation, lorsque, le 23 juillet, au jour tombant, Villars dirigea la plus grande partie de ses forces, avec un équipage de ponts, vers l'Escaut. Ces troupes devaient marcher sur Neuville, entre Bouchain et Denain, et y franchir le fleuve immédiatement après leur arrivée.

Le passage de l'Escaut se fit sans opposition. Dès que le duc d'Albermale, général des Hollandais, retranché sous Denain, eut appris la marche rapide et inattendue des Français, il en donna avis au prince Eugène, en lui demandant en toute hâte du secours.

Les Français continuèrent à s'avancer au delà de l'Escaut, malgré un marais profond qu'ils rencontrèrent, et arrivèrent devant les lignes de Denain à Marchiennes. Ils forcèrent ces lignes et prirent leurs dispositions pour attaquer aussitôt le camp d'Albermale sous Denain, le 24 juillet 1712.

Les dispositions de Villars avaient été admirablement prises : 20 bataillons, sous les ordres du comte de Coigny, étaient restés en présence de l'armée du prince Eugène ; les autres troupes, 50 bataillons, 105 escadrons, abordèrent le camp de Denain, tandis que la garnison française de Valenciennes reçut ordre d'attaquer de son côté le même point.

Le duc d'Albermale si vivement pressé envoyait heure par heure des nouvelles au prince Eugène, pour qu'il hâtât la marche des secours, surtout de l'artillerie. Le prince était non loin de Denain, avec 14 bataillons d'élite, lorsque les colonnes françaises, composées d'infanterie et de dragons qui avaient mis pied à terre, s'avancèrent au pas de course sur les retranchements des alliés, et, malgré un feu de mousqueterie violent, parvinrent à entrer pêle-mêle dans le camp ennemi.

A cet instant, les têtes de colonne du prince Eugène parurent de l'autre côté de l'Escaut ; mais il était trop tard ! Les troupes hollandaises culbutées et repoussées jusqu'aux bords du fleuve, essuyèrent de grandes pertes ; le duc d'Alber-male rendit son épée avec plus de 3,000 hommes.

Les Français établis à Denain se trouvaient ainsi au centre de la ligne alliée, clef de la position ennemie.

Marchiennes, investi pendant le combat par le comte de Broglie, se rendit au bout de six jours. Cette place de dépôt livra aux vainqueurs 5,000 hommes et d'immenses approvisionnements.

La bataille de Denain, le plus beau fleuron de Villars, valut à ce dernier le titre de Sauveur de la France. Ce combat eut en effet des résultats inespérés.

Les places de Douai et de Bouchain, privées de communications depuis que les Français étaient maîtres de Marchiennes, abandonnées à elles-mêmes, furent bientôt reprises. Eugène se vit forcé de lever le siége de Landrecies et de battre en retraite sur Mons. Le Quesnoy, demeuré sans soutien, fut immédiatement assiégé et retomba au pouvoir des Français.

Le combat de Denain eut aussi comme conséquence heureuse pour la France de hâter la conclusion de la paix.

Les négociations engagées à Utrecht, depuis quelque temps, aboutirent, au mois d'avril 1713. Le roi d'Espagne, Philippe V, avait renoncé à ses droits éventuels à la couronne de France, circonstance qui favorisa l'accord entre les négociateurs.

Différents traités furent signés par la France et l'Espagne d'une part, et la Hollande, l'Angleterre, la Prusse, la Savoie, le Portugal de l'autre. L'empereur seul ne voulut pas abandonner ses prétentions sur la monarchie espagnole et continua la guerre sur le Rhin.

Dans le traité avec la Hollande, il était stipulé que la maison d'Autriche aurait la souveraineté des Pays-Bas espagnols. Jusqu'à la conclusion d'un traité entre l'empereur et la Hollande, les troupes hollandaises devaient remplacer les garnisons françaises et espagnoles des forteresses cédées à l'Autriche comme barrière de sûreté contre la France. Les États-Généraux restituèrent à Louis XIV Lille, Bethune, Saint-Venant et Aire. Les villes de Menin, Tournai, Furnes, Dixmude, Ypres, Warneton, Commines, Werwick et le fort de Knocke furent considérés comme faisant partie des Pays-Bas, et gardés pour le moment par les Hollandais.

Par le traité avec la Savoie, on rendit à Victor-Amédée la Savoie, le comté de Nice et leurs dépendances. L'île et le royaume de Sicile furent cédés au duc.

L'électeur de Brandebourg fut reconnu roi de Prusse, par la France et l'Espagne, en vertu d'un des traités signés à Utrecht. Il acquit en même temps la Haute-Gueldre et d'autres territoires.

La guerre entre les Impériaux et les Français se poursuivit, mais avec peu de vigueur. En 1713, le maréchal de Villars s'empara sans difficulté de Spire, de Worms et de quelques autres villes moins importantes du Rhin.

Il assiégea successivement Landau et Freibourg. La première de ces villes capitula au bout de deux mois; la seconde après un mois.

En mars 1714, le prince Eugène et le maréchal de Villars signèrent à Rastadt les préliminaires de la paix entre la France et l'empire.

Le traité définitif fut conclu à Baden, le 7 septembre suivant. Louis XIV conserva Landau ; toutes les places de la rive droite du Rhin retournèrent à l'empereur qui prit possession des Pays-Bas espagnols, conformément aux stipulations du traité d'Utrecht.

Cette même année (15 novembre 1714), le traité entre l'empereur et les Hollandais, sous la médiation de l'Angleterre, fut conclu à Anvers. Il reçut la dénomination de traité de la Barrière.

Le traité de la Barrière, complément de ceux d'Utrecht, de Rastadt et de Bade, fixait à 15,000 hommes l'effectif de paix de l'armée des Pays-Bas, dont les trois cinquièmes à fournir par l'empereur et les deux autres par les Hollandais. Les troupes hollandaises devaient occuper exclusivement Namur, Menin, Furnes, Warneton, Ypres et le fort de Knocke. Termonde recevait une garnison d'Impériaux et de Hollandais. Le trésor des Pays-Bas espagnols, devenus Pays-Bas autrichiens, devait payer annuellement à la Hollande 1,250,000 florins pour la solde des troupes des garnisons et l'entretien des forteresses.

L'Angleterre garantit l'exécution de ces articles et s'engagea à envoyer 10,000 hommes pour défendre les places de la Barrière, en cas d'attaque.

Louis XIV mourut le 1 septembre 1715.
Avec son règne finit la splendeur de la monarchie française.

ERRATA.

Page 10, ligne 14; après le mot *Bothwell*, ajoutez : *Ce dernier parvint à obtenir la main de la reine.*

Page 14, ligne 11; au lieu de *hohémiens*, lisez *bohémiens*.

Page 18, ligne 3; au lieu de *institua les ordres du Saint-Esprit, pour la noblesse, et de...*, lisez *releva l'ordre du Saint-Esprit, créé en 1578, par Henri III, pour la noblesse, et institua l'ordre de...*

Page 89, ligne 24; au lieu de *Huysbrouck*, lisez *Muysbrouck*.

Page 90, ligne 6; au lieu de *prirent*, lisez *s'emparaient*.

Page 98, ligne 3; au lieu de Marlborough *engagea*, lisez Marlborough *fit avancer*.

TABLE DES MATIÈRES.

NOTICE HISTORIQUE.

                                              PAGES

Pays-Bas 1

France 6

Angleterre. 9

Allemagne. 11

Règne de Louis XIV 17

GUERRES DE LOUIS XIV.

I. Paix des Pyrénées.— Guerre de Flandre et de Franche-Comté. — Paix d'Aix-la-Chapelle. — Guerre de Hollande. — Passage du Rhin. — Maison du Roi. — Évacuation de la Hollande. — Bataille de Seneffe 19

II. Turenne en Alsace et dans le Palatinat.—Bataille de Sinzheim. —Combat d'Enzheim.— Affaire de Turkeim.— Mort de Turenne. — Armée de la Moselle. — Turenne, Condé et Montecuculli. — Bataille de Cassel. — Surprise de Léau. — Paix de Nimègue. 31

III. Prise de Strasbourg. — Siége de Luxembourg. — Trève de Ratisbonne. — Renseignements historiques. — Ligue d'Augsbourg. — Affaire de Walcourt. — Bataille de Fleurus 49

IV. Le prince Eugène. — Catinat. — Les Barbets. — Affaire de Staffarde. — Siéges de Mons et de Namur par les Français. — Bataille de Steenkerque. — Combat naval de la Hogue. — Bataille de Neerwinden 56

V. Bataille de la Marsaille. — Le duc de Luxembourg. — Bombardement de Bruxelles.—Prise de Namur par le roi Guillaume. — Paix de Ryswick. 68

VI. Guerre de la succession d'Espagne. — Renseignements historiques.— Guillaume III.— Le prince Eugène dans le Milanais. — Surprise de Crémone. — Le duc de Vendôme. — Bataille de Luzzara 74

VII. Opérations dans les Pays-Bas. — Siége de Liége. — Opérations en Allemagne. — Combat de Friedlingen. — Affaire d'Eeckeren 83

VIII. Opérations de Villars sur le Danube. — Invasion dans le
Tyrol. — Première affaire de Hochstedt. — Les Camisards. —
Combat sur le Spirebach. — Combat de Donauwerth. — Bataille
de Hochstedt ou de Bleinheim 91

IX. Opérations d'Eugène en Italie. — Affaire de Cassano. — Opérations de Marlborough dans les Pays-Bas. — Bataille de Ramillies. — Bataille de Turin. — Villars en Allemagne. — Eugène
en Provence 105

X. Campagnes en Espagne de 1704 à 1707. — Campagne du duc
de Bourgogne dans les Pays-Bas. — Bataille d'Audenarde. —
Convoi dirigé d'Ostende à Lille. — Embuscade de Wynendaele. 115

XI. Opérations dans les Pays-Bas en 1708 et 1709. — Passage de
l'Escaut par l'armée de Marlborough. — Louis XIV demande la
paix. — Bataille de Malplaquet. — Siége de Mons par le prince
d'Orange 127

XII. Campagnes en Espagne de 1707 à 1710. — Opérations dans
les Pays-Bas en 1711. — Prise de Bouchain. — Départ de Marlborough.— Investissement de Landrecies. — Affaire de Denain.
— Paix d'Utrecht.— Traité de la Barrière.— Mort de Louis XIV. 134

CARTES ET PLANS.

CARTES pour suivre les opérations militaires dans les Pays-Bas,
sur le Rhin, sur le Danube, en Espagne et dans la Haute-Italie.

PLANS de la bataille de Sintzheim,
    id.   Fleurus,
    id.   Neerwinden,
    id.   Friedlingen,
    id.   Eeckeren,
    id.   Donauwerth,
    id.   Hochstedt,
    id.   Ramillies,
    id.   Turin,
    id.   Audenarde,
    id.   Malplaquet.

CARTE
pour suivre les opérations
militaires
sur le Rhin et sur le Danube

CARTE
pour suivre les opérations
militaires
en Espagne et en Portugal

CARTE
pour suivre les opérations militaires
dans
la haute Italie

Golfe
de
Venise

Golfe de Gênes

LORRAINE

ALSACE

FRANCHE COMTÉ

Metz

Mayence

RHIN

Strasbourg

Munich

Augsbourg

Ingolstadt

Passau

Lisbonne

Saragosse

Barcelone

CASTILLE NOUVELLE

GRENADE

Bâle

Échelle
Lieues de France

www.ingramcontent.com/pod-product-compliance
Lightning Source LLC
Chambersburg PA
CBHW070352090426
42733CB00009B/1385